D1731782

Diese Persönliche Chronik ist für:

Das Buch vom

22.

APRIL

Ein ganz besonderer Tag

... ein ganz besonderer Tag

D er April nimmt eine Sonderstellung im Kalender ein. Es ist die Zeit des Wandels, in dem der Frühling Einzug hält und den die Natur lähmenden Winter verdrängt. Seit dem 2. Jahrhundert wird zumeist im April das Osterfest gefeiert. Es ist das älteste christliche Fest überhaupt, bildet den Höhepunkt des bis Pfingsten reichenden Osterfestkreises und wird im allgemeinen am Sonntag nach dem ersten Frühlingsvollmond begangen.

Der 22. April war immer wieder ein Tag, an dem sich Geschehnisse ereigneten, die den Lauf der Geschichte nachhaltig beeinflußten:

1500 nahm der Entdecker Pedro Cabral Brasilien für die portugiesische Krone in Besitz.

1809 brachten unter Napoleon französische und bayerische Truppen bei Eggmühl dem österreichischen Heer eine schwere Niederlage bei.

1946 fand in Ost-Berlin die Vereinigung von SPD und KPD der sowjetischen Zone zur SED statt.

Zu den bekanntesten Geburtstagskindern des 22. April zählen der deutsche Philosoph Immanuel Kant (1714), der russische Revolutionär Wladimir I. Lenin (1870) und der Musiker Yehudi Menuhin (1916).

8

Im Zeichen des Stieres
21. April bis 20. Mai

Unter dem Tierkreiszeichen des Stieres erlebt auf der nördlichen Halbkugel der Frühling seinen Höhepunkt. Die Fruchtbarkeit der Natur und die Sinnlichkeit, die der üppig sprießenden Vegetation anhaftet, haben ihre Entsprechungen bei den Stier-Geborenen. Sie gelten nach astrologischer Lehre als schöpferische und den Genüssen des Lebens zugewandte Menschen – ausgestattet mit einem starken Sinn für Erotik. Letzteres resultiert nicht zuletzt daraus, daß am Himmel der Planet Venus über das Stier-Zeichen herrscht. Aber auch eine gewisse Behäbigkeit und Bedächtigkeit wird ihnen zugeschrieben. Gleich den massigen Stieren in der Tierwelt stehen sie fest auf dem Boden; Unruhe kann sie nur wenig beeindrucken. Die Stiere gelten zudem als ordnungsliebend und korrekt. Ihre Ziele verfolgen sie mit Ausdauer und Geduld.

Unter den im Zeichen des Stiers Geborenen gibt es zahlreiche Persönlichkeiten, die sich durch ihre Kreativität auszeichnen, darunter die Maler Georges Braque und Salvador Dali, die Schauspieler Senta Berger, Jean Gabin und Gary Cooper. Auch die Schriftsteller William Shakespeare und Honoré de Balzac und der Komponist Johannes Brahms wurden unter dem Sternzeichen des Stiers geboren.

1900–1909

Highlights des Jahrzehnts

.... 1900 ....

- Weltausstellung in Paris
- Niederschlagung des Boxeraufstandes in China
- Uraufführung der Oper »Tosca« von Giacomo Puccini in Rom
- Probefahrt des ersten Zeppelins »LZ 1«

.... 1901 ....

- Die britische Königin Victoria stirbt
- Erste Nobelpreise verliehen
- Thomas Mann veröffentlicht die »Buddenbrooks«
- Mordattentat auf US-Präsident McKinley, Theodore Roosevelt wird Nachfolger

.... 1902 ....

- Beendigung des Burenkrieges in Südafrika
- Krönung Eduards VII. zum König von Großbritannien
- Inbetriebnahme der Transsibirischen Eisenbahn
- Kunstströmung »Jugendstil« auf dem Höhepunkt

.... 1903 ....

- Serbischer König Alexander I. ermordet
- Erste Tour de France
- Erster Motorflug der Brüder Wright
- Kampf der Suffragetten um das Frauenwahlrecht
- Margarethe Steiff präsentiert den »Teddy-Bären«

.... 1904 ....

- Hereroaufstand in Deutsch-Südwestafrika
- Beginn des Russisch-Japanischen Krieges

- Arthur Korn gelingt die erste Bildtelegraphie

.... 1905 ....

- Petersburger »Blutsonntag«
- Tangerbesuch Wilhelms II. führt zur Ersten Marokkokrise
- Albert Einstein entwickelt »Spezielle Relativitätstheorie«
- Künstlergemeinschaft »Die Brücke« wird gegründet

.... 1906 ....

- Revolutionäre Unruhen und erstes Parlament in Rußland
- Roald Amundsen duchfährt die Nordwestpassage
- Dreyfus-Affäre beigelegt
- Erdbeben verwüstet San Francisco

.... 1907 ....

- Pablo Picasso malt »Les Demoiselles d'Avignon« und begründet den Kubismus
- Erste Farbfotografien von Louis Jean Lumière

.... 1908 ....

- Ford baut Modell T (»Tin Lizzy«)
- Österreich-Ungarn annektiert Bosnien und Herzegowina
- Durchbruch der olympischen Idee bei Spielen in London
- 30 000 Jahre alte Statuette (Venus von Willendorf) gefunden

.... 1909 ....

- Robert E. Peary erreicht als erster Mensch den Nordpol
- Louis Blériot überfliegt den Ärmelkanal
- Unruhen in Persien: Schah Mohammed Ali dankt ab

◀ Auf der Jagd nach Reichtum und Glück: Goldsucher in Alaska (1901)

Sonntag **22.** *April*

 Politik

Französische Verbände schlagen bei Koussouri (heute Sudan) die Truppen des arabischen Abenteurers Rabeh Zobeïr. Zobeïr hatte in der Tschadsee-Region einen eigenen Staat ausgerufen. Das Gebiet war 1899 durch Absprachen der europäischen Kolonialmächte Frankreich zugesichert worden.

 Gesellschaft

Eine Woche nach Eröffnung der Weltausstellung in Paris zeigen sich die Organisatoren zufrieden mit dem Publikumszuspruch. Täglich strömen mehrere Zehntausend Menschen auf das 109 ha große Gelände auf dem Marsfeld. Eine der Hauptattraktionen sind elektrisch betriebene Laufbänder (sog. rollende Bürgersteige), auf denen die Besucher ohne Anstrengung die Pavillons besuchen können. Große Erfolge erzielen die deutschen Aussteller, sie werden mit 261 Großpreisen sowie 546 Gold- und 608 Silbermedaillen ausgezeichnet. Ingesamt besuchen rund 109 Mio. Menschen die Pariser Weltausstellung.

 Wetter

Eine mittlere Temperatur von nur 7,7°C messen die Meteorologen für den April 1900. Damit ist es zu kühl: Der langjährige Durchschnitt liegt bei 8,3°C.

1901

Montag **22.** *April*

Die Wiedereröffnung der Hochschulen odnet die russische Regierung in Petersburg an. Vor dem Hintergrund anhaltender Studentenunruhen waren sie vorübergehend geschlossen worden. In mehreren Städten Rußlands kommt es im Frühjahr 1901 zu Studentenprotesten gegen das Zarenregime. Am 3. April wurden in Petersburg mehrere Menschen verletzt, als Polizei und Kosaken eine Demonstration mit Waffengewalt beendeten.

Gesellschaft 🍸

Die Deutsche Reichsbank senkt den Diskontsatz um 0,5% auf 4,0%. Von der Maßnahme erhofft sich das Direktorium eine Belebung der Konjunktur. Es ist notwendig – so die Zeitung »Woche«, daß »den legitimen deutschen Handelsinteressen durch Innehalten eines ständigen, billigen Diskonts fördernd zur Seite« gestanden wird. Der Diskontsatz markiert den Zins, den die Reichsbank bei Wechselgeschäften zugrundelegt; er ist eines der wichtigsten wirtschaftspolitischen Steuerungsinstrumente.

Wetter

Überwiegend angenehmes Frühlingswetter mit verhältnismäßig milden Temperaturen lädt im April 1901 zum Flanieren ein.

»Linie ohne Bauch«:
Das Korsett, ein
modisches Muß für
die elegante Frau

Politik

Die Studentenunruhen in Rußland halten an. In der Hauptstadt Petersburg erfolgt deshalb ein Wechsel an der Spitze des Ministeriums für Volksaufklärung. Der neue Minister erklärt nach seinem Amtsantritt, er werde gegen revolutionäre Kräfte mit Härte vorgehen.

Gesellschaft

Der Architekt Paul Knobbe legt der Gelsenkirchener Bergwerks AG einen Entwurf für den Bau der Maschinenhalle für die Dortmunder Zeche Zollern II vor. Die Unternehmensleitung lehnt den Entwurf jedoch ab und erteilt Bruno Möhring den Auftrag. Die bereits im Oktober fertiggestellte Halle ist ein Stahlskelettbau, der als eines der herausragenden Zeugnisse des deutschen Jugendstils gilt.

Wetter

Die 1902 gemessene mittlere Temperatur von 7,2°C ist für einen April zu niedrig. Gleichzeitig verhindern Regen- und Schneeschauer das Aufkommen von Frühlingsgefühlen (105,5 mm Niederschlag; langjähriger Mittelwert 41 mm).

Mittwoch **22.** *April*

Gesellschaft

In der russischen Stadt Kischinew (Kischinjow) endet nach drei Tagen ein Pogrom gegen die jüdische Bevölkerung. Während des russischen Osterfest waren 49 Menschen bei den Übergriffen ums Leben gekommen. Mehrere Hundert Personen wurden verletzt.

Gesellschaft

Ein Gesetz zur Herstellung von Zündwaren verabschiedet der deutsche Reichstag in Berlin. Künftig darf kein weißer oder gelber Phosphor für die Fabrikation von Streichhölzern verwendet werden. Da Phosphor sich selbst entzünden kann, war es in der Vergangenheit immer wieder zu Unfällen und Bränden gekommen.

Wetter

Mit einer mittleren Temperatur von 6,3 °C ist der April 1903 deutlich zu kühl. Niederschlagsmenge und Sonnenscheindauer entsprechen den langjährigen Durchschnittwerten. Diese betragen 41 mm Niederschlag und 193 Sonnenstunden.

Gute Figur in Sakkoanzug und Wettermantel: Die Mode für den Herrn

15

Freitag **22.** *April*

 Politik

Das Recht zum Aufstellen von Streikposten wird den britischen Gewerkschaften vom Unterhaus eingeräumt. Drei Jahre zuvor war eine Gewerkschaft aus diesem Grund zu Schadensersatz verurteilt worden. An der bislang gültigen Rechtssprechung wird sich jedoch trotz des Unterhausbeschlusses nichts ändern, da das Oberhaus die Zustimmung verweigert.

 Kultur

Auf Initiative des Philosophen Hans Vaihinger gründet sich in Halle die »Kant-Gesellschaft«. Aufgabe der Gesellschaft ist die Sichtung und Auswertung des umfangreichen Werkes des Philosophen.

 Gesellschaft

In Köln gibt die 25jährige US-amerikanische Tänzerin Isadora Duncan ein vielbeachtetes Gastspiel. Isadora Duncan gilt als Revolutionärin des Tanzes, da sie in Abkehr vom akademischen Ballett den »natürlichen« Ausdruckstanz propagiert.

 Wetter

Herrliches Frühlingswetter verwöhnt im April 1904 die Deutschen. Es ist mild und sonnig.

1905

Samstag **22.** *April*

Gesellschaft

Einen besonders umstrittenen Artikel des Gesetzes zur Trennung von Staat und Kirche billigt die französische Abgeordnetenkammer in Paris. Der Artikel sieht vor, daß alle Kirchengüter an vom Staat zugelassene örtliche »Kultusgemeinschaften« übertragen werden. Das Gesetz als Ganzes wird im Dezember 1905 verabschiedet. Darin wird die Religion zur persönlichen Angelegenheit eines jeden Gläubigen erklärt. Der Staat habe lediglich zu garantieren, daß die Ausübung der Religion nicht eingeschränkt wird.

Rekorde
1900–1909

400 m: Maxey Long
(USA) – 47,8 sec (1900)
Weitsprung:
Peter O' Connor (IRL)
– 7,61 m (1901)
Stabhochsprung:
Walter Dray (USA)
– 3,90 m (1908)
Kugelstoßen: R. Rose
(USA) – 15,56 m (1909)

Gesellschaft

Gemäß einem Beschluß des preußischen Justizministeriums in Berlin werden in den Gefängnissen die Bibliotheken umgestaltet. Künftig dürfen nur noch historische Romane sowie erbauliche religiöse Literatur an die Häftlinge ausgegeben werden.

Wetter

Niedrige Temperaturen, trüber Himmel und viel Regen bestimmen im April 1905 das Wetter.

1906

Sonntag **22.** *April*

 Politik

Nach Angaben der Reichsregierung sind in den vergangenen drei Wochen bei Kämpfen in Deutsch-Ostafrika (Tansania) zehn Deutsche und 380 Einheimische gefallen. Der Widerstand der aufständischen Eingeborenen sei weitgehend gebrochen. In Deutsch-Südwestafrika (Namibia) dagegen dauern die bereits 1904 ausgebrochenen Kämpfe an.

 Gesellschaft

Bei Kämpfen zwischen Mariawiten und Katholiken kommen in Leschno bei Warschau zwölf Menschen ums Leben. Im Zentrum des Glaubens der Mariawiten steht die Marienverehrung.

 Sport

In Anwesenheit des griechischen und des britischen Königs werden in Athen inoffizielle Olympische Spiele eröffnet. Sie sollen zehn Jahre nach den ersten Spielen der Neuzeit der olympischen Idee neue Impulse geben.

 Wetter

Mit 10,5°C messen die Meteorologen im April 1906 eine mittlere Lufttemperatur, die 2,2°C über dem langjährigen Durchschnitt liegt.

Montag **22.** *April*

Politik

Die neugegründete marokkanische Staatsbank nimmt in Tanger ihren Geschäftsbetrieb auf. Gemäß dem 1906 geschlossenen Algeciras-Abkommen wird sie von Franzosen, Spaniern, Deutschen und Schweizern geführt. Im Algeciras-Abkommen war die Erhaltung der Souveränität des Landes und eine allgemeine Handelsfreiheit vereinbart worden. Polizei und bestimmte Institutionen wurden unter europäische Aufsicht gestellt. Dadurch konnte die sog. Marokkokrise beigelegt werden: Das Deutsche Reich hatte im Hinblick auf eigene Wirtschaftsinteressen gegen eine Einverleibung des Sultanats in das französische Kolonialreich protestiert und mit Krieg gedroht.

Kultur

In Paris gründet sich die Filmgesellschaft »Eclair«. Sie wird innerhalb kurzer Zeit zu einem der bedeutensten europäischen Unternehmen der noch jungen Filmbranche.

Wetter

Nach dem milden April des Vorjahres müssen sich die Deutschen im April 1907 mit eher unangenehmen Temperaturen abfinden. Es ist für die Jahreszeit mit 7,3°C (mittlere Temperatur) zu kühl.

Mittwoch **22.** *April*

Gesellschaft

Der frühere britische Premierminister Henry Campbell-Bannerman erliegt in London im Alter von 71 Jahren einer schweren Krankheit. Der liberale Politiker hatte sein Amt erst wenige Tage zuvor aus gesundheitlichen Gründen zur Verfügung gestellt. Neuer Premier wurde Herbert Henry Asquith (Liberale), der den erst 33 Jahre alten Winston Churchill zum Handelsminister berief.

Gesellschaft

Die Pest wütet im südamerikanischen La Guayra (Venezuela). Täglich erliegen mehrere Menschen dem »Schwarzen Tod«. Die vom Rattenfloh übertragene und durch Tröpfcheninfektion weiterverbreitete Krankheit zählt zu den gefährlichsten Seuchen überhaupt. In Europa haben Hygienemaßnahmen die Pest fast vollständig verdrängt, in Südamerika und Asien ist sie jedoch noch anzutreffen.

Preise in den Jahren 1900–1909

1 kg Butter	2,46
1 kg Mehl	0,35
1 kg Fleisch	1,55
1 Ei	1,05
1 l Vollmilch	1,00
10 kg Kartoffeln	0,65

in Mark, Stand 1905

Wetter

Es ist zu kühl. 6,8°C mittlere Lufttemperatur lassen den April 1908 wenig frühlingshaft wirken.

Donnerstag **22.** *April*

Politik

Nur bedingt einsatzbereit ist die französische Flotte nach einem Bericht der Marineuntersuchungskommission des französischen Parlaments. So sollen in Toulon 1500 Torpedos in einem ungenügenden Zustand sein. In der Presse wird nach Veröffentlichung des Berichtes scharfe Kritik an der Wehrpolitik der Pariser Regierung geübt.

**Stars der Jahre
1900–1909**

Isadora Duncan
Tänzerin
Gustav Mahler
Komponist/Dirigent
Anna Pawlowa
Tänzerin
Sarah Bernhardt
Schauspielerin
Orville/Wilbur Wright
Flieger

Kultur

Die Operette »Herbstmanöver« von Emerich Kálmán erlebt in Berlin ihre Uraufführung. Der 27jährige Ungar hat sich bereits einen Namen als Komponist mitreißender Operetten erworben. Seine größten Erfolge erzielt Kálmán mit »Die Csárdásfürstin« (1915) und »Gräfin Mariza« (1924).

Wetter

Bei stark wechselhaftem Wetter erreicht die mittlere Temperatur im April 1909 einen Wert von 8,6°C. Dies entspricht – ebenso wie die gemessene Niederschlagsmenge von 44 mm – weitgehend dem langjährigen Mittel.

1910-1919

Highlights des Jahrzehnts

·········· 1910 ··········

- Georg V. wird nach dem Tod Eduards VII. britischer König
- Der Halleysche Komet passiert die Erde
- Bürgerliche Revolution beendet Monarchie in Portugal
- Wassily Kandinsky begründet die abstrakte Malerei
- Sieg des Schwarzen Jack Johnson bei Box-WM

·········· 1911 ··········

- Bürgerkrieg in Mexiko
- »Panthersprung nach Agadir« löst Zweite Marokkokrise aus
- Militärputsch leitet chinesische Revolution ein
- Roald Amundsen gewinnt den Wettlauf zum Südpol

·········· 1912 ··········

- Erster Balkankrieg
- Woodrow Wilson wird 28. US-Präsident
- Untergang der »Titanic«
- Büste der ägyptischen Königin Nofretete gefunden

·········· 1913 ··········

- Zweiter Balkankrieg
- Niels Bohr entwirft neues Atommodell
- Größter Bahnhof der Welt (Grand Central Station) in New York eingeweiht

·········· 1914 ··········

- Österreichs Thronfolger in Sarajevo ermordet
- Ausbruch des Ersten Weltkrieges
- Eröffnung des Panamakanals

·········· 1915 ··········

- Stellungskrieg im Westen
- Beginn der Ostoffensive
- Charlie Chaplin wird mit »Der Tramp« Star des US-Kinos
- Versenkung der »Lusitania« durch ein deutsches U-Boot

·········· 1916 ··········

- Schlacht um Verdun
- Osteraufstand in Irland niedergeschlagen
- Seeschlacht vor dem Skagerrak
- Der österreichische Kaiser Franz Joseph I. stirbt
- Rasputin ermordet

·········· 1917 ··········

- Beginn des uneingeschränkten U-Boot-Krieges
- Zar Nikolaus II. dankt ab
- Oktoberrevolution in Rußland

·········· 1918 ··········

- US-Präsident Wilson verkündet 14-Punkte-Programm zur Beendigung des Krieges
- Russische Zarenfamilie ermordet
- Waffenstillstand von Compiègne beendet Ersten Weltkrieg
- Novemberrevolution: Kaiser Wilhelm II. dankt ab, Philipp Scheidemann ruft die deutsche Republik aus

·········· 1919 ··········

- Spartakusaufstand niedergeschlagen
- Rosa Luxemburg und Karl Liebknecht ermordet
- Friedrich Ebert erster Reichspräsident
- Versailler Vertrag

◀ **Im Kampf gegen widrige Verhältnisse: Charlie Chaplin als »Tramp« (1915)**

1910

Freitag 22. April

Politik

Die Kosten für die Niederschlagung des Herero-Aufstands in Deutsch-Südwestafrika (Namibia) durch eine Vermögenssteuer zu decken, fordert der Zentrumsabgeordnete Matthias Erzberger im Deutschen Reichstag. Seit 1904 kämpfen deutsche Kolonialtruppen gegen aufständische Hereros.

Gesellschaft

Die verwitwete Großfürstin Sergius von Rußland und Schwester von Zarin Alexandra Fjodorowna legt in Moskau das Gelübde zur Nächstenliebe ab. Zusammen mit ihr nehmen weitere 18 Damen des russischen Hochadels den Schleier. Die Großfürstin wird Äbtissin des von ihr gegründeten Martha-Maria-Klosters.

Gesellschaft

Kaiser Wilhelm II. besichtigt in Homburg vor der Höhe die drei Militärluftschiffe »M I«, »P II« und »Z II«.

Wetter

Angenehme Temperaturen (mittlerer Wert 9,3°C) und wenig Regen (30 mm Niederschlag) sorgen im April 1910 für schönes Frühlingswetter.

1911

Samstag **22.** *April*

Politik

Die Verlegung einer Artillerieabteilung in das marokkanische Landesinnere ordnet die spanische Regierung an. Dadurch soll Sultan Abd Al Hafis in seinem Kampf gegen aufständische Berberstämme unterstützt werden. Zum gleichen Zweck beschließt der französische Ministerrat unter dem Radikalsozialisten Ernest Monis die Entsendung von weiteren 12 000 Soldaten nach Marokko.

Politik

Die sog. Jungtürken, seit 1908 führende politische Kraft im Osmanischen Reich, beschließen eine Änderung ihres Parteiprogramms. Dadurch kann eine Spaltung der von Konflikten zwischen Konservativen und Radikalreformern belasteten Bewegung verhindert werden. Während bisher die schnellstmögliche Umgestaltung des Osmanischen Reichs in ein modernes Staatswesen nach europäischem Muster angestebt wurde, sollen künftig die traditionellen Herrschaftsstrukturen wieder stärkere Beachtung finden. Dazu zählen die moslemisch-religiöse Ausrichtung des Osmanischen Reiches.

Wetter

Der April 1911 zeigt sich von seiner schönsten Seite. Es ist mild, sonnig und überwiegend trocken.

Politik

Eine Debatte über die Wehrvorlage wird im Reichstag mit einer Rede von Reichskanzler Bethmann Hollweg eingeleitet. Die Regierung plant eine weitere Aufrüstung der deutschen Streitkräfte. Zur Finanzierung sind Steuererhöhungen vorgesehen. Die SPD stimmt gegen den Wehretat, der bei 75% des Nettohaushaltes des Reiches liegt.

Politik

Der mexikanische Kongreß billigt die von der Regierung beabsichtigte Vergrößerung der Armee um 60 000 Mann. Seit 1910 herrscht in Mexiko Bürgerkrieg, bei dem sich Regierungstruppen und Anhänger des Rebellen Emiliano Zapata gegenüberstehen. Zapata fordert u.a. eine umfassende Bodenreform.

Gesellschaft

Die Gründung einer Universität beschließt die Stadtverordnetenversammlung in Frankfurt am Main.

Wetter

Die Werte für die mittlere Temperatur (8,4 °C) und die Niederschlagsmenge (37 mm) entsprechen im April 1912 weitgehend dem langjährigen Mittel.

1913

Dienstag **22.** *April*

Politik

Gegen eine von der deutschen Regierung im Reichstag vorgelegte Wehrvorlage, die eine weitere Steigerung der deutschen Rüstung vorsieht, verabschiedet der Landtag von Elsaß-Lothringen eine Resolution. Nach Ansicht des Landtages entspricht diese Politik nicht den Interessen der Bevölkerung von Elsaß-Lothringen, das seit 1871 zum Deutschen Reich gehört.

Gesellschaft

Erfolglos bleiben im Hamburger Hafen Bemühungen, den am Vortag auf Grund gelaufenen Dampfer »Imperator« mit Hilfe von Schleppern zurück in die Fahrrine zu ziehen. Trotz großem technischen Aufwand gelingt es erst nach 48 Stunden, den 52 117 BRT großen deutschen Ozeanriesen freizulegen. Die spektakuläre Bergungsaktion der »Imperator«, die 1912 auf der Hamburger Werft Blohm & Voß vom Stapel gelaufen war, wird von Tausenden Schaulustiger verfolgt.

Wetter

Es herrscht freundliches Frühlingswetter im April 1913. Bei milden Temperaturen (Mittelwert 9,9 °C) bleibt es überwiegend trocken. In Berlin werden nur 12 mm Niederschlag gemessen.

27

Mittwoch **22.** *April*

 Politik

Der britische Außenminister Sir Edward Grey und der französische Ministerpräsident Gaston Doumergue treffen in Paris zu Gesprächen zusammen. Der britische König Georg V. hatte zusammen mit Grey an den Jubiläumsfeierlichkeiten zum Abschluß des Bündnisses zwischen Frankreich und Großbritannien (sog. Entente cordiale; 1904) in Paris teilgenommen.

 Politik

**Rekorde
1910–1919**

Schwimmen: H. Hebner (USA) – 1:20,8 min/ 100 m Rücken (1912)
100 m: Nina Popowa (RUS) – 13,1 sec (1913)
Hochsprung: C. Larson (USA) – 2,03 m (1917)
Speerwerfen: Jonni Myyrä (FIN) – 66,10 m (1919)

In scharfer Form protestiert die mexikanische Regierung gegen die am Vortag erfolgte Besetzung der Stadt Veracruz Llave durch US-amerikanische Truppen. US-Präsident Woodrow Wilson hatte die Intervention wegen der angeblich ungerechtfertigten Festnahme von acht US-Marinesoldaten angeordnet. Tatsächlicher Grund für die Militäraktion, die rund 200 Menschen das Leben kostet, sind Ölinteressen der USA.

 Wetter

Blauer Himmel, milde Temperatur: Der April 1914 zeigt sich von seiner schönsten Seite.

1915

Politik

Deutsche Truppen setzen bei ihrer Offensive an der Westfront bei Ypern (Belgien) erstmals größere Mengen Giftgas ein. Verwendet wird Chlorgas, daß bei den Betroffenen die Atmungswege verätzt und zum qualvollen Erstickungstod führt. In den folgenden Jahren kommen weitere chemische Kampfstoffe zum Einsatz, darunter Senfgas (sog. Gelbkreuz). 1925 wird der Einsatz chemischer Waffen international geächtet.

Politik

In Washington warnt der deutsche Botschafter in den Vereinigten Staaten, Johann Heinrich Graf von Bernstorff, US-amerikanische Bürger davor, bei Reisen nach Europa britische Schiffe zu benutzen. Grund ist die Verschärfung des U-Boot-Krieges in der Nordsee. Die Angriffe deutscher U-Boote nehmen die USA im April 1917 zum Anlaß, in den Ersten Weltkrieg einzutreten.

Wetter

Wenig Ungewöhnliches bietet im Jahr 1915 das Aprilwetter. Bei 8,6°C mittlerer Lufttemperatur ist es stark wechselhaft. Als langjährige Durchschnittstemperatur haben die Meteorologen für den April 8,3 °C ermittelt.

Samstag 22. April

Verstärkte französische Angriffe auf den Hügel »Toter Mann« bei Verdun meldet der deutsche Heeresbericht von der Westfront. Das deutsche Heer hatte am 21. Februar eine Großoffensive begonnen, um den Kriegsgegner durch Menschen- und Materialverluste zu schwächen. Die Schlacht bei Verdun dauert bis zum September 1916. Für beide Seiten ist sie äußerst verlustreich. Sie bringt nicht die von der Heeresleitung in Berlin erhoffte Kriegswende. Die Westfront verharrt weiterhin im Stellungskrieg.

Die Herrenkleidung wird sportlicher. Dazu gehört der weiche Hut

 Kultur

Das Schauspiel »Die Troerinnen« des griechischen Tragödiendichters Euripides hat in der Bearbeitung von Franz Werfel im Berliner Lessing-Theater Premiere.

 Wetter

Mit einer mittleren Temperatur von 9,9 °C und einer Niederschlagsmenge von 32 mm ist der April überwiegend freundlich (langjähriger Durchschnitt 8,3 °C bzw. 41 mm).

Sonntag **22.** *April*

Politik

Auf die süddeutsche Stadt Freiburg im Breisgau unternehmen die Alliierten einen schweren Luftangriff. Dabei kommen mehrere Menschen ums Leben. Flugzeuge haben sich in den letzten Monaten zu einem wichtigen Instrument der Kriegsführung entwickelt. Waren sie zu Beginn des Krieges noch vorwiegend zur Aufklärung über feindlichen Stellungen eingesetzt worden, dienen sie nun vermehrt dem Abwurf von Bomben.

Politik

Deutsche Truppen nehmen den französischen Hafen Dünkirchen unter Beschuß. Die nahe der belgischen Grenze am Ärmelkanal gelegene Stadt hat für den Nachschub der Kriegsgegner Frankreich und Großbritannien große Bedeutung.

Wetter 🌤️

»Kalt und trocken macht die Keime stocken«: Die Landwirte fürchten wegen der kühlen und niederschlagsarmen Witterung im April 1917 (mittlere Temperatur 6,2°C, Regenmenge 23 mm) um ihre Aussaat.

Das praktische Sportkleid für die Jagd und für Bergtouren

Montag **22.** *April*

Preise in den Jahren 1910–1919	
1 kg Butter	2,74
1 kg Mehl	1,90
1 kg Fleisch	3,00
1 Ei	0,13
1 l Vollmilch	0,25
10 kg Kartoffeln	3,30
Stundenlohn	0,66
in Mark, Stand 1913	

 Politik

Die Einführung der allgemeinen Wehrpflicht für Arbeiter und Bauern zwischen dem 18. und 40. Lebensjahr ordnet die Regierung von Sowjetrußland an. Hintergrund sind die zunehmenden militärischen Erfolge der Mittelmächte Deutschland und Österreich-Ungarn.

 Gesellschaft

Der am Vortag bei Vaux-sur-Somme an der Westfront getötete deutsche Jagdflieger Freiherr Manfred von Richthofen wird bei Amiens mit militärischen Ehren beigesetzt. Der 25jährige Träger des Ordens »Pour le mérite«, wegen seines rotlackierten Focker-Dreideckers »Roter Baron« genannt, war mit 80 Abschüssen der erfolgreichste deutsche Kampfpilot und genoß im In- und Ausland wegen seiner Kühnheit großen Respekt. Er starb nach einer Notlandung durch die Kugel eines kanadischen Offiziers.

 Wetter

Der April 1918 präsentiert sich mild und sonnig. Die mittlere Temperatur beträgt 11,4°C; die Niederschlagsmenge liegt bei 34 mm.

1919

Dienstag **22.** *April*

Politik

Ein neues Parteiprogramm verabschieden die französischen Sozialisten in Paris. Darin werden u.a. die Verkürzung der Wochenarbeitszeit und die Verstaatlichung der Schlüsselindustrie gefordert.

Politik

Die Regierung der USA erkennt das Protektorat Großbritanniens über Ägypten offiziell an. Das Land, das seit 1882 von britischen Truppen besetzt ist, stand bislang unter formaler Oberhoheit des Osmanischen Reiches.

Gesellschaft

Ein Streik der Eisenbahner und Straßenbahner legt im Ruhrgebiet den Verkehr lahm. Seit der Niederschlagung eines von linken Kräften ausgerufenen Generalstreiks durch das Militär im Februar kommt es im Revier immer wieder zu Arbeitsniederlegungen.

Stars der Jahre 1910–1919

David Wark Griffith
Filmregisseur
Mary Pickford
Filmschauspielerin
Enrico Caruso
Sänger
Douglas Fairbanks
Filmschauspieler
Charlie Chaplin
Filmschauspieler

Wetter

Die mittlere Temperatur beträgt im April 1919 nur 6,6 °C (langjähriges Mittel 8,3 °C).

1920–1929

Highlights des Jahrzehnts

1920

- Prohibition: Alkoholverbot in den USA
- NSDAP verabschiedet ihr Programm
- Kapp-Putsch scheitert
- Erstmals Salzburger Festspiele

1921

- Alliierte besetzen das Rheinland
- Hitler wird NSDAP-Vorsitzender
- Hormon Insulin entdeckt
- Rudolph Valentino wird Frauenidol
- Vertrag von Sèvres bedeutet Ende des Osmanischen Reichs

1922

- Hungersnot in Rußland
- »Deutschlandlied« wird zur Nationalhymne erklärt
- Mussolinis Marsch auf Rom
- Gründung der UdSSR
- Grab des Tutanchamun entdeckt
- Deutsch-russische Annäherung durch Vertrag von Rapallo
- Gründung der BBC
- Johnny Weissmuller stellt über 100 m Kraul den ersten seiner 67 Weltrekorde auf (58,6 sec)

1923

- Franzosen besetzen Ruhrgebiet
- Hitlers Putschversuch scheitert
- Währungsreform beendet Inflation im Deutschen Reich
- Die Türkei wird Republik

1924

- Erstmals Olympische Winterspiele
- Revolutionsführer Lenin stirbt
- Dawes-Plan lockert finanzielle Zwänge für Deutschland
- VIII. Olympische Spiele: Läufer Paavo Nurmi gewinnt 5 Goldmedaillen

1925

- Einparteiendiktatur in Italien
- Neugründung der NSDAP
- Hindenburg wird nach dem Tod Eberts Reichspräsident
- Europäische Entspannung durch Locarno-Pakt
- Joséphine Baker wird im Bananenröckchen zum Weltstar

1926

- Japans Kaiser Hirohito besteigt den Thron
- Militärputsch Pilsudskis in Polen
- Walt Disneys Mickey Mouse erblickt das Licht der Welt
- Deutschland im Völkerbund

1927

- Stalin entmachtet politische Gegner
- Charles Lindbergh überfliegt den Atlantik
- Uraufführung des Films »Metropolis« von Fritz Lang

1928

- Briand-Kellogg-Pakt zur Kriegsächtung unterzeichnet
- Alexander Fleming entdeckt das Penicillin
- »Dreigroschenoper« von Brecht und Weill uraufgeführt
- Erste Transatlantik-Fluglinie

1929

- Youngplan regelt Reparationen
- »Schwarzer Freitag« in New York löst Weltwirtschaftskrise aus
- Erste Oscar-Verleihung in Hollywood
- Antikriegs-Roman »Im Westen nichts Neues« von Erich Maria Remarque

◄ Lebenslust pur: Joséphine Baker, Sinnbild der »wilden« 20er

1920

Donnerstag **22.** *April*

 Politik

Nach innerparteilichen Querelen erklärt der sächsische Ministerpräsident Georg Gradnauer (MSPD) seinen Rücktritt. Anfang Mai wählt die sächsische Volkskammer den MSPD-Politiker Johannes Wilhelm Buck zu seinem Nachfolger. Buck bildet eine sozialdemokratisch-liberale Koalition aus MSPD und DDP. Die USPD lehnt gemäß einem Beschluß ihres Landesparteitages eine Regierungsbeteiligung ab. Seit 1916 ist die deutsche Sozialdemokratie in die M(ehrheits)SPD und die marxistisch ausgerichtete U(nabhängige)SPD gespalten.

 Politik

Der Oberste Rat der Alliierten tagt in der italienischen Stadt San Remo, um die Mandatsgebiete im Nahen Osten zu verteilen. Die früher zum Osmanischen Reich gehörenden, seit dessen Niederlage im Ersten Weltkrieg unter Aufsicht des Völkerbundes stehenden Länder werden unter britische und französische Verwaltung gestellt. Damit gelangen sie faktisch unter Kolonialherrschaft der beiden europäischen Großmächte.

 Wetter

Der April 1920 ist mild, aber ausgesprochen regnerisch. Die mittlere Temperatur beträgt 10,8 °C.

1921

Freitag 22. *April*

Die Bitte des Deutschen Reiches nach einer Vermittlung in der Reparationsfrage wird von der US-Regierung zurückgewiesen. Statt dessen regt Washington eine neue Konferenz an, auf der abschließend über die für den Krieg zu leistenden Entschädigungszahlungen beraten werden soll. Dem Deutschen Reich waren im Versailler Vertrag (1919) neben umfangreichen Gebietsabtretungen extrem hohe Reparationen aufgebürdet worden.

Politik

Das Exekutivkomitee des Völkerbundrats erklärt in Genf, daß es ein militärisches Vorgehen der Alliierten im Ruhrgebiet mißbilligt. Insbesondere Frankreich hatte mit einer Besetzung des Industriegebietes für den Fall gedroht, daß das Deutsche Reich seinen Reparationsverpflichtungen nicht nachkommt.

Rekorde in den 20er Jahren

Schwimmen: J. Weissmuller (USA) – 58,6 sec/ 100 m Freistil (1922)
10 000 m: P. Nurmi (FIN) – 30:06,1 min (1924)
1500 m: O. Peltzer (GER) – 3:51,0 min (1926)
Kugelstoßen: Emil Hirschfeld (GER) – 16,04 m (1928)

Wetter

Mit 24 mm Niederschlag ist der April 1921 gegenüber dem langjährigen Mittel von 41 mm zu trocken. Die Temperaturen sind recht mild (9,2 °C Mitteltemperatur).

1922

Samstag **22.** *April*

Politik

In einem Schreiben an den italienischen Minister-präsidenten Luigi Facta kündigt die französische Regierung an, die Annullierung des Rapallo-Vertrages erwirken zu wollen. In dem Abkommen hatten Deutschland und Sowjetrußland die Aufnahme von diplomatischen Beziehungen und eine Intensivierung des Handels vereinbart.

Kultur

Das Stück »Vatermord« von Arnolt Bronnen wird im Frankfurter Schauspielhaus uraufgeführt. Die Aufführung findet im Rahmen des vom Schauspielhaus veranstalteten »Zyklus moderner Dramen« statt.

Kultur

Die »Fünf Orchesterstücke« des österreichischen Komponisten Arnold Schönberg werden in Paris erstmals vor Publikum gespielt.

Wetter

Der Winter bleibt hartnäckig: Über weite Abschnitte ist die Witterung im April 1922 unangenehm kühl. Die Durchschnittstemperatur erreicht nur einen Wert von 6,2°C.

Sonntag **22.** *April*

Politik

Nach einer Meldung des Wolffschen Nachrichtenbüros (Berlin) begrüßt die Reichsregierung Äußerungen des britischen Außenministers George Nathaniel Marquess Curzon of Kedlestone, die französische Ruhrpolitik lege die »Saat für die Revanche«. Frankreich und Belgien hatten im Januar wegen ausbleibender Reparationszahlungen Deutschlands das Ruhrgebiet besetzt. Proteste der Reichsregierung und der im Rahmen des sog. Ruhrkampfes geleistete passive Widerstand der Bevölkerung im Revier – es kamen zahlreiche Menschen ums Leben – blieben erfolglos.

Sport

In einem Fußballländerspiel trennen sich in Paris die Nationalmannschaften Frankreichs und der Schweiz 2:2.

Wetter

Der April 1923 präsentiert sich von seiner unangenehmen Seite. Es ist für die Jahreszeit zu kühl und mit einer Niederschlagsmenge von 60 mm zu regnerisch. Das langjährige Mittel liegt bei 41 mm.

Preise in den 20er Jahren	
1 kg Butter	3,60
1 kg Mehl	0,50
1 kg Fleisch	2,50
1 Ei	0,20
10 kg Kartoffeln	0,80
Stundenlohn	0,93

in RM, Stand 1926
(ohne Inflationsjahre)

Dienstag 22. April

 Kultur

Anläßlich des 200. Geburtstages des Philosophen Immanuel Kant finden in Deutschland zahlreiche Gedenkveranstaltungen statt. Zentrum der Feierlichkeiten ist Königsberg, wo der Denker geboren wurde und wirkte.

 Gesellschaft

Der Leichnam der am Vortag während einer Gastspielreise durch die USA verstorbenen Schauspielerin Eleonora Duse wird mit dem Schiff nach Italien überführt. Sie zählte neben Sarah Bernhardt zu den erfolgreichsten Darstellerinnen der Jahrhundertwende.

Gesellschaft

Tiefe Taille und schmale Silhouette: Mode im Zeichen von Art déco

In Bremerhaven läuft der Passagierdampfer »Columbus« zu seiner Jungfernfahrt nach New York aus. Der 32 500 BRT große Ozeanriese ist das neue Flaggschiff des Norddeutschen Lloyd.

 Wetter

Mit einer Mitteltemperatur von nur 6,2 °C ist der April 1924 sehr kühl.

Mittwoch **22.** *April*

Politik

Der sog. Tscheka-Prozeß endet in Leipzig mit der Verkündung der Urteile. Von den 16 Angeklagten erhalten wegen Staatsgefährdung drei die Todesstrafe, sieben eine Zuchthaus- und sechs eine Gefängnisstrafe. Die Angeklagten hatten als Mitglieder der Kommunistischen Partei 1923 an der Vorbereitung eines Aufstandes in Thüringen mitgewirkt. Während politische Straftäter, die der äußersten Rechten zugerechnet werden, häufig mit Milde rechnen können, bekommen Linksextremisten die volle Schärfe des Gesetzes zu spüren.

Politik

Der Reichsrat, die Vertretung der deutschen Länder, verabschiedet in Berlin eine Steuervorlage. Im Mittelpunkt steht dabei die Neufassung des Vormögens- und Erwerbssteuerrechts.

Vornehm und doch lässig: Burberry aus imprägniertem Baumwollstoff

Wetter

Frühlingshaft warm – 9,2 °C im Mittel – ist es im April 1925. Die langjährige Durchschnittstemperatur liegt bei 8,3 °C.

1926

 Politik

In Italienisch-Somaliland lehnen sich mehrere Stämme gegen die Fremdherrschaft auf. Der Aufstand wird von Soldaten blutig niedergeschlagen. Das heutige Somalia ist seit der Jahrhundertwende in italienischem Kolonialbesitz.

 Gesellschaft

Eine Neufassung des Duellgesetzes billigt der Reichstag in Berlin. Der erste Entwurf hatte vorgesehen, daß Offiziere bei Teilnahme an einem Duell unehrenhaft zu entlassen sind. Nach heftiger Kritik sieht die Neufassung nun die Möglichkeit einer Einzelfallprüfung vor. Die angedrohte Haftstrafe von bis zu zwei Jahren bleibt bestehen.

 *Gesellschaft*

Die erste Nummer seiner »Pressemitteilungen« gibt der Allgemeine Deutsche Gewerkschaftsbund heraus. Die Broschüre enthält Informationen über Gewerkschaftsfragen und wird an Gewerkschaftszeitungen und Funktionäre verteilt.

 Wetter

Im sehr milden April 1926 (Mitteltemperatur 10,9 °C) werden nur 15 mm Niederschlag gemessen.

Freitag **22.** *April*

Politik

Baden hebt das Redeverbot für den NSPAP-Vorsitzenden Adolf Hitler auf. Hitler, der wegen seines Putschversuches vom November 1923 zu fünf Jahren Festungshaft verurteilt und von der bayerischen Regierung bereits 1924 entlassen worden war, darf sich damit in dem Land wieder öffentlich politisch betätigen. In den vergangenen Wochen hatten bereits Bayern und Sachsen das Redeverbot aufgehoben.

Gesellschaft

Nach massiven Kurseinbrüchen an den japanischen Börsen ordnet die Regierung in Tokio die vorübergehende Schließung sämtlicher Banken an.

Kultur

Der erste Teil des Ufa-Films »Der Weltkrieg« mit Originaldokumenten vom Kriegsgeschehen wird in Berlin uraufgeführt. Regie führte Leo Lasko.

Wetter

Mit 104 mm Niederschlag fällt das Wetter im April 1927 ungewöhnlich regnerisch aus (langjähriger Durchschnittwert 41 mm). Die mittlere Temperatur beträgt 7,1°C.

Sonntag **22.** *April*

 Politik

Für eine allgemeine Abrüstung und für eine vorzeitige Räumung des Rheinlands von französischen und belgischen Truppen spricht sich die SPD in einem Aufruf für die bevorstehenden Reichstagswahlen aus. Die Sozialdemokraten gehen aus den im Mai abgehaltenen Wahlen als Sieger hervor und stellen rund ein Drittel der Reichstagsabgeordneten. Während die Kommunisten leichte Gewinne erzielen, muß die rechtsgerichtete Deutschnationale Volkspartei (DNVP) Verluste hinnehmen. Sie bleibt aber zweitstärkste Kraft.

 *Gesellschaft*

Ein Erdbeben richtet in der griechischen Stadt Korinth verheerende Schäden an. Mehr als 200 Menschen sterben in den Trümmern ihrer Häuser. Rund 80% der bebauten Fläche der Stadt wird dem Boden gleichgemacht. Die Zahl der Obdachlosen wird auf mehr als 10 000 geschätzt.

 Wetter

8,1°C mittlere Temperatur und 34 mm Niederschlag – so lautet die Bilanz der Meteorologen für den April 1928. Damit handelt es sich um einen weitgehend typischen April. Die langjährigen Mittelwerte betragen 8,3 °C und 41 mm Niederschlag.

1929

Montag 22. April

Gesellschaft

Bei den Verhandlungen der Tarifparteien im Ruhrbergbau wird ein Kompromiß erzielt. Die Arbeitgeber erklären sich zu einer Erhöhung der Bezüge um 3,2% bis 5,45% bereit. Ein Arbeitskampf kann damit abgewendet werden.

Gesellschaft

Ein Orkan fordert in Japan acht Tote und 26 Verletzte. Rund 3000 Häuser werden zerstört. Betroffen ist vor allem der Nordwesten des Landes.

Gesellschaft

Die Berliner Ausstellung »Gas und Wasser« stellt den Einwohnern der Reichshauptstadt Möglichkeiten zur sicheren und sparsamen Nutzung vor. Inbesondere im Umgang mit Gas kommt es im Haushalt noch immer zu vermeidbaren Unfällen.

Stars der 20er Jahre

Buster Keaton
Filmschauspieler
Johnny Weissmuller
Schwimmer
Rudolph Valentino
Filmschauspieler
Joséphine Baker
Tänzerin
Charles Lindbergh
Flieger

Wetter

Die Deutschen müssen 1929 einen extrem kalten April ertragen. Die Mitteltemperatur liegt bei nur 4,8 °C, 3,5 °C unter dem langjährigen Mittel.

45

1930-1939

Highlights des Jahrzehnts

1930

- Mahatma Gandhi startet Salzmarsch
- Marlene Dietrich avanciert im Film »Der Blaue Engel« zum Weltstar
- Uruguay wird erster Fußballweltmeister
- Max Schmeling durch Disqualifikationssieg Boxweltmeister im Schwergewicht

1931

- Spanien wird Republik
- Vorführung des Ganzmetallflugzeugs »Ju 52« (»Tante Ju«)
- Empire State Building höchstes Gebäude der Welt
- Mafia-Boß Al Capone hinter Gittern

1932

- Staatsstreich in Preußen
- Wahlsieg der NSDAP
- Chaco-Krieg um Erdöl zwischen Bolivien und Paraguay
- Proklamation des Staates Saudi-Arabien

1933

- Adolf Hitler zum Reichskanzler ernannt
- Reichstagsbrand in Berlin
- Ermächtigungsgesetz in Kraft
- Deutsche Studenten verbrennen »undeutsche« Literatur

1934

- Nationalsozialistischer Volksgerichtshof gegründet
- »Röhm-Putsch« niedergeschlagen
- Mord an Bundeskanzler Dollfuß – Ende der 1. Republik Österreich
- Maos Kommunisten in China auf dem »Langen Marsch«

1935

- Judenverfolgung mit sog. Nürnberger Gesetzen
- Italien marschiert in Äthiopien ein
- Porsche baut Prototyp für VW »Käfer«
- Deutsch-britisches Flottenabkommen

1936

- Beginn des Spanischen Bürgerkriegs
- Volksfrontregierung in Frankreich
- Ausstellung »Entartete Kunst«
- XI. Olympische Spiele in Berlin zur NS-Propaganda genutzt
- Margaret Mitchell veröffentlicht »Vom Winde verweht«
- Schauprozesse in der UdSSR

1937

- Krieg zwischen Japan und China
- Georg VI. in London gekrönt
- Zeppelin LZ »Hindenburg« explodiert in Lakehurst
- Niederländische Kronprinzessin Juliana heiratet Prinz Bernhard

1938

- »Anschluß« Österreichs ans Deutsche Reich
- Münchner Abkommen soll Hitler bezähmen
- Terror gegen Juden in der »Reichskristallnacht«
- Otto Hahn gelingt erste Atomspaltung

1939

- Deutsche Truppen marschieren in Prag ein
- Hitler-Stalin-Pakt
- Beginn des Zweiten Weltkrieges

◀ **Max Schmeling schreibt mit seinem Sieg über Joe Louis 1936 Boxgeschichte**

Dienstag **22.** *April*

 Politik

Nach dreimonatiger Dauer endet in London die Flottenkonferenz mit der Unterzeichnung eines Abkommens. Darin verpflichten sich Großbritannnien, Japan, Frankreich, Italien und die USA zu einer Begrenzung ihrer Seestreitkräfte. Allerdings können Teile des Vertrages nicht in Kraft treten, da Frankreich und das faschistische Italien eine Obergrenze für die Gesamttonnage ihrerKriegs- Flotten ablehnen. Beide Staaten erklären sich lediglich bereit, bis 1938 keine neuen Schlachtschiffe in Dienst zu stellen.

 *Gesellschaft*

Die Aufhebung der sog. nationalen Ursprungsklausel beschließt der US-amerikanische Senat in Washington. In der Klausel wurde die Zahl der Einwanderer aus einzelnen Ländern festgelegt. Die Aufhebung ermöglicht es, künftig nur noch Einwanderer aus bestimmten Staaten zuzulassen. Insbesondere die hohe Zahl der südamerikanischen Immigranten soll begrenzt werden.

 Wetter

Mit 9,4°C mittlerer Temperatur ist es im April 1930 recht mild. Die Niederschlagsmenge beträgt 35 mm (langjährige Mittelwerte: 8,3 °C und 41 mm).

Mittwoch **22.** *April*

Politik

In Thüringen bildet Alfred Baum eine Landesregierung, der Politiker vom Thüringischen Landbund, der Deutschnationalen Volkspartei und der Wirtschaftspartei angehören. Der bisherige Koalitionspartner NSDAP ist nicht mehr vertreten, da der Landtag Mißtrauensanträgen der SPD gegen die nationalsozialistischen Minister Wilhelm Frick und Willy Marschler stattgegeben hatte. Thüringen war das erste Land, in dem die Nationalsozialisten an der Regierung beteiligt wurden.

Gesellschaft

In Düsseldorf wird der Fuhrmann Peter Kürten wegen neunfachen Mordes nach einem aufsehenerregenden Prozeß zum Tode verurteilt. Darüber hinaus erhält der »Werwolf von Düsseldorf« wegen versuchten Mordes und Notzucht 15 Jahre Zuchthaus. Kürten, der Männer, Frauen und Kinder mißhandelt und getötet hatte, begründete die Verbrechen mit seiner sadistischen Veranlagung.

Wetter

Kühles Schmuddelwetter prägt den April 1931. Allerdings lässt sich hin und wieder auch einmal die Sonne blicken. Die Monatsmitteltemperatur erreicht lediglich einen Wert von 6,0 °C.

1932

Gesellschaft

Aufständische chinesische Truppen unterbrechen in der Mandschurei die Nachschublinie der japanischen Invasionsstreitkräfte. Im Februar hatten die Japaner den Staat Mandschukuo ausgerufen und ein Marionettenregime unter Führung des letzten Kaisers von China, P´u I, installiert.

Kultur

Der Schauspieler und Regisseur Max Reinhardt teilt auf einer Pressekonferenz in Berlin seinen Rücktritt vom Amt des Leiters des Deutschen Theaters in Berlin mit. Als Grund gibt der 59jährige Österreicher, der die Bühne 1905 übernommen hatte, gesundheitliche Probleme an.

Kultur

Der deutsche Spielfilm »Die Gräfin von Monte Christo« mit Brigitte Helm und Rudolf Forster in den Hauptrollen wird in Berlin uraufgeführt. Regie führt Karl Hartl.

Wetter

8,3°C mittlere Temperatur registrieren die Meteorologen im April 1932. Dieser Wert entspricht exakt dem langjährigen Durchschnitt.

Samstag **22.** *April*

Politik

Die von Reichskanzler Adolf Hitler am Vortag berufene preußische Regierung nimmt in Berlin die Amtsgeschäfte auf. Preußischer Ministerpräsident und Innenminister ist Hermann Göring (NSDAP). Göring nutzt seine Ämter, um in Preußen die politische Gleichschaltung zu vollziehen und Gegner des Nationalsozialismus auszuschalten.

Politik

Walter Granzow (NSDAP), Ministerpräsident von Mecklenburg-Schwerin, ernennt den Hamburger Kirchenrechtler Walter Bohm zum Staatskommissar für die evangelisch-lutherische Landeskirche. Nach Einspruch der Kirchenleitung, die sich gegen jede Form der staatlichen Aufsicht und Kontrolle verwahrt, wird die Ernennung rückgängig gemacht.

**Preise in den
30er Jahren**

1 kg Butter	2,96
1 kg Mehl	0,47
1 kg Fleisch	1,60
1 l Vollmilch	0,23
1 Ei	0,10
10 kg Kartoffeln	0,90
1 kg Kaffee	5,33
Stundenlohn	0,78

in RM, Stand 1934

Wetter

»Wenn der April stößt rauh ins Horn, so steht es gut um Heu und Korn«: Die Bauernregel gewinnt der zu kühlen Witterung im April 1933 Gutes ab.

Sonntag **22.** *April*

Figurbetonte Eleganz
in den 30er Jahren:
Kostüm aus Wollstoff
mit Lederpaspeln

 Gesellschaft

Die Bekenntnisgemeinschaft der Deutschen Evangelischen Kirche wird in Ulm gegründet. Ihre Mitglieder wenden sich gegen den Totalitätsanspruch des Nationalsozialismus und lehnen die dem Dritten Reich nahestehenden Deutschen Christen ab.

 Gesellschaft

Auf dem ersten bayerischen Bauerntag in München erklärt der Reichsminister für Ernährung und Landwirtschaft, Richard Walther Darré (NSDAP), das Reichserbhofgesetz sei die Grundlage der neuen bäuerlichen Wirtschaftsgestaltung. Das im September 1933 verabschiedete Gesetz bestimmt, daß der unveräußerliche und unbelastbare land- und forstwirtschaftliche Besitz eines Bauerns unteilbar auf den Erben übergeht. Der sog. Erbhof soll die Lebensgrundlage einer bäuerlichen Sippe bilden.

 Wetter

Im April 1934 herrscht frühlingshafte Witterung in Deutschland. Die mittlere Temperatur beträgt angenehme 11,5°C.

1935

Montag 22. *April*

Gesellschaft

Die letzten Vorbereitungen zur Inbetriebnahme der neugebauten Untergrundbahn werden in der sowjetischen Hauptstadt Moskau getroffen. Bis zur offiziellen Eröffnung am 1. Mai dürfen die Bürger die rund 12 km langen Strecken unentgeltlich nutzen. Ein besonderes Merkmal der Moskauer Metro ist die aufwendige Gestaltung der Bahnhöfe. Für den Bau der Metro, eines staatlichen Prestigeprojektes, waren enorme Mengen an Finanzmitteln und Material vom Staat zur Verfügung gestellt worden.

Sport

Die deutschen Ringer Sebastian Hering und Kurt Hornfischer gewinnen bei den in Kopenhagen ausgetragenen Europameisterschaften die Titel im Feder- bzw. Schwergewicht (griechisch-römischer Stil).

Der Herr liebt es eher klassisch: Sommersakko aus hellem Fischgrät

Wetter

Der April 1935 präsentiert ein für diesen Monat typisches Gesicht. Es herrscht wechselhaftes Wetter – und die Temperaturen entsprechen nahezu exakt den langjährigen Durchschnittswerten (8,3 °C Temperatur; 41 mm Niederschlag).

1936

Mittwoch **22.** *April*

Gesellschaft

Bei Testfahrten auf der abgesperrten Autobahnstrecke Frankfurt am Main-Viernheim stellt der neuentwickelte Stromlinienwagen der Automobilwerke Adler innerhalb von drei Tagen mehrere Weltrekorde auf. So legt das Fahrzeug in zwölf Stunden 1913,812 km zurück. In 24 Stunden erreicht der mit einem 1,7-l-Motor ausgestattete Adler eine Durchschnittsgeschwindigkeit von 160,597 km/h. Die Höchstgeschwindigkeit des mit einer revolutionären, extrem windschnittigen Karosserie versehenen Wagens liegt bei über 190 km/h.

Rekorde in den 30er Jahren

200 m: J. Carlton (AUS) – 20,6 sec (1932)
Weitsprung: Jesse Owens (USA) – 8,13 m (1935)
Weitsprung: Erika Junghans (GER) – 6,07 m (1939)
400 m: Rudolf Harbig (GER) – 46,0 sec (1939)

Gesellschaft

Die Internationale Eisenbahnbehälterkonferenz nimmt in Frankfurt am Main ihre Beratungen auf. Geplant ist die Einführung standardisierter Eisenbahntransportbehälter, die den internationalen Frachtverkehr erheblich vereinfachen sollen.

Wetter

Mit einer mittleren Temperatur von 7,6°C ist der feuchte April 1936 recht kühl.

54

Donnerstag **22.** *April*

Politik

Der österreichische Bundeskanzler Kurt Schuschnigg trifft in Venedig zu Gesprächen mit dem italienischen Ministerpräsidenten und Duce Benito Mussolini ein. Dabei drängt Mussolini Schuschnigg, die österreichischen Nationalsozialisten an der Regierung zu beteiligen.

Politik

Die US-amerikanischen Streitkräfte halten im Pazifischen Ozean ein Großmanöver ab, in dessen Rahmen u. a. ein Eroberungskampf um den US-Marinestützpunkt Pearl Harbour simuliert wird.

Gesellschaft

Zu viele unterschiedliche Typen produziert nach einer Untersuchung des Berliner Instituts für Konjunkturforschung die deutsche Automobilindustrie. Zur Zeit würden 47 Modelle bzw. Modellvarianten gefertigt. Die verschwendeten Kapazitäten könnten für die Rüstung genutzt werden.

Wetter

Das Wetter ist im April 1937 durchwachsen. Die mittlere Temperatur von 8,8 °C liegt um 0,5 °C über dem langjährigen Durchschnitt.

Freitag **22.** *April*

 Politik

Angesichts der militärischen Erfolge von General Francisco Franco Bahamonde ruft in Madrid der republikanische General José Miaja Menant die regierungstreuen Truppen zur entschlossenen Gegenwehr auf. In Spanien tobt seit 1936 ein blutiger Bürgerkrieg, in dem sich Einheiten der Linksregierung und Truppen des rechtsgerichteten Franco gegenüberstehen. 1939 kann Franco den Bürgerkrieg für sich entscheiden.

**Stars der
30er Jahre**

Louis Armstrong
Trompeter
Marlene Dietrich
Filmschauspielerin
Greta Garbo
Filmschauspielerin
Fred Astaire
Tänzer/Schauspieler
Sonja Henie
Eiskunstläuferin

 Gesellschaft

Im Deutschen Reich geht der im Sommer 1937 begonnene Leistungswettkampf der Betriebe in seine entscheidene Phase. Noch bis zum Monatsende haben die rund 84 000 teilnehmenden Firmen und Institutionen Zeit, sich um die Auszeichnung »Nationalsozialistischer Musterbetrieb« zu bewerben.

Wetter

Mit einer Sonnenscheindauer von nur 144 Stunden ist der April 1938 verhältnismäßig trübe (langjähriger Mittelwert 193 Stunden).

Samstag **22.** *April*

Politik

Nach einem Erlaß des NS-Reichsministeriums des Innern in Berlin dürfen im Deutschen Reich tätige polnische Staatsbürger ohne Papiere die Grenze überschreiten. Sie erhalten die notwendigen Dokumente direkt an den Kontrollstellen. Grund für die Maßnahme ist der Arbeitskräftemangel im Reich.

Gesellschaft

In Teheran beginnen die dreitägigen Feierlichkeiten anläßlich der Hochzeit des persischen Kronprinzen Mohammad Resa Pahlawi und der ägyptischen Prinzessin Fawzia. Der Hochzeitsvertrag war am 15. März in Kairo unterzeichnet worden.

Sport

Der FC Everton wird trotz einer 1:2-Niederlage gegen Charlton Athletic vorzeitig englischer Fußballmeister. Es ist bereits der fünfte Titelgewinn des Vereins.

Wetter

Der April 1939 weckt mit milden Temperaturen und überwiegend trockener Witterung Frühlingsgefühle. Die mittlere Temperatur erreicht 9,5 °C. Der langjährige Durchschnitt liegt bei 8,3 °C.

Highlights des Jahrzehnts

.... *1940* ....

- Deutscher Luftkrieg gegen Großbritannien
- Beginn der Westoffensive
- Winston Churchill neuer britischer Premierminister

.... *1941* ....

- Schottlandflug von Rudolf Heß
- Deutscher Überfall auf die Sowjetunion
- Japan greift Pearl Harbor an – Kriegseintritt der USA
- »Citizen Kane« von Orson Welles in den Kinos

.... *1942* ....

- Wannsee-Konferenz beschließt Judenvernichtung
- 6. Armee in Stalingrad eingeschlossen
- Beginn alliierter Luftangriffe auf deutsche Städte
- »Casablanca« mit Ingrid Bergman und Humphrey Bogart uraufgeführt

.... *1943* ....

- Goebbels propagiert den »totalen Krieg«
- Ende der Widerstandsgruppe »Weiße Rose«
- Aufstand im Warschauer Ghetto scheitert

.... *1944* ....

- Alliierte landen in der Normandie
- Stauffenberg-Attentat auf Hitler scheitert
- Charles de Gaulle wird Staatschef Frankreichs
- US-Präsident Franklin D. Roosevelt zum dritten Mal wiedergewählt

.... *1945* ....

- KZ Auschwitz befreit
- Bedingungslose Kapitulation Deutschlands
- Vereinte Nationen gegründet
- Beginn der Potsdamer Konferenz
- US-Atombomben zerstören Hiroschima und Nagasaki

.... *1946* ....

- Gründung der SED
- Nürnberger NS-Prozesse
- US-Atombombentests im Südpazifik
- Hilfe durch Care-Pakete aus den USA
- Französischer Kolonialkrieg in Vietnam

.... *1947* ....

- Marshallplan-Hilfe für Europa
- Indien feiert Unabhängigkeit von Großbritannien
- GATT regelt den Welthandel
- Thor Heyerdahls »Kon-Tiki«-Expedition erfolgreich

.... *1948* ....

- Mahatma Gandhi ermordet
- Währungsreform in Ost und West
- UdSSR verhängt Berlin-Blockade
- Staatsgründung Israels
- Korea gespalten
- UNO-Menschenrechtsdeklaration

.... *1949* ....

- Gründung der NATO
- Grundgesetz für die Bundesrepublik Deutschland verkündet
- Konrad Adenauer erster Bundeskanzler
- Proklamation der Deutschen Demokratischen Republik
- Chinesische Revolution

◀ **Der Kuß: Jubel über das Kriegsende auf New Yorks Broadway (1945)**

1940

Montag **22.** *April*

Gesellschaft

SS-Oberführer Walter Zimmermann, Reichsbeauftragter für Metalle, erklärt in der »Frankfurter Zeitung«, die in den letzten Wochen gesammelten Metallgegenstände würden in mindestens sieben deutschen Werken für Vollbeschäftigung sorgen. Mitte März waren die Deutschen im Rahmen einer großangelegten Propagandaaktion zu einer Metallspende aufgerufen worden. In »nationaler Opferbereitschaft« sollten die Haushalte Kupfer, Bronze, Messing, Zinn, Blei und Nickel sammeln und der Rüstungsindustrie zur Verfügung stellen. Da das Deutsche Reich von ausländischen Rohstoffquellen weitgehend abgeschnitten ist, gilt das Sammeln von Altstoffen als kriegswichtig.

Sport

Die Regelkomission des Weltfußballverbandes FIFA hat in Zürich einen Entwurf zur Änderung der Sperr-Regel vorgelegt. Danach darf künftig ein Spieler nur noch Sperren oder Rempeln, wenn er im Ballbesitz ist.

Wetter

8,8°C beträgt die mittlere Temperatur im April 1940. Damit entspricht die Witterung fast dem langjährigen Durchschnitt von 8,3 °C.

Dienstag 22. April

Politik

Die deutsche Wehrmacht setzt ihren Vormarsch auf dem Balkan weiter fort. Sie hatte am 6. April ohne Kriegserklärung Jugoslawien angegriffen und das Land handstreichartig innerhalb weniger Tage erobert. Anschließend überschritten die deutschen Soldaten die bulgarische Grenze und stießen nach Griechenland vor. Gemeinsam mit italienischen Einheiten gelang es ihnen in Westmakedonien, die Kapitulation von 16 griechischen Divisionen zu erzwingen. Am 27. April wird auf der Akropolis in Athen die Hakenkreuzflagge gehißt. Adolf Hitler hatte den Feldzug befohlen, da in Jugoslawien die deutschfreundliche Regierung gestürzt worden war und in Griechenland britische Truppen stationiert waren.

Gesellschaft

In der Nationalpolitischen Erziehungsanstalt Backnang gibt NS-Erziehungsminister Rust die Gründung zehn weiterer Schulen zur »Förderung des begabten Nachwuchses« bekannt.

Wetter

Der Himmel bleibt meistens bedeckt. Die Sonne läßt sich im April 1942 nur 122,6 Stunden blicken (langjähriger Durchschnitt 193 Stunden).

1942

Mittwoch **22.** *April*

Politik

Die Einrichtung eine Zentralen Planungsstelle
verfügt Hermann Göring in seiner Eigenschaft als
Beauftragter für den Vierjahresplan. Die Koordi-
nierungsinstanz untersteht direkt dem Reichsmini-
sters für Bewaffnung und Munition, Albert Speer,
und ist sowohl für die Beschaffung und Verteilung
von Rohstoffen, als auch für den Arbeitskräftein-
satz in kriegswichtigen Betrieben zuständig. Die
Maßnahme ist Teil der Bemühungen, die Rüstungsindustrie unter direkte staatliche Kontrolle zu stellen. Im Frühjahr 1942 ist ein deutlicher Anstieg in
der Rüstungsproduktion zu verzeichnen.

Gesellschaft

Die deutsche Kommandantur von Groß-Paris
ordnet nach »zahlreichen kommunistischen An-
schlägen gegen Angehörige der deutschen Wehrmacht und besonders die feige Ermordung eines
deutschen Soldaten in der Nacht des 20. April« die
vorläufige Schließung von Vergnügungsstätten an.
Betroffen sind u.a. sämtliche Theater und Kinos.

Wetter

Blauer Himmel und wenig Regen: Mit einer Mitteltemperatur von 8,1 °C bietet der April 1942 eine
meist angenehme Witterung.

1943

Donnerstag **22.** *April*

Den Luftstreitkräften der Alliierten gelingt über Tunis der Abschuß von 16 deutschen Transportflugzeugen, darunter die letzten der in der Region verfügbaren Großtransporter »Me 323«. Die Lage der deutschen und italienischen Streitkräfte auf dem afrikanischen Kriegsschauplatz wird immer aussichtsloser: Am 3. Mai muß sich die restliche Heeresgruppe Afrika den Briten und US-Amerikanern ergeben. Über 250 000 deutsche und italienische Soldaten geraten in Gefangenschaft.

Gesellschaft

Der Sicherheitsdienst der SS (Schutzstaffel) meldet in einem Lagebericht, daß die deutsche Bevölkerung wieder vermehrt in die Kirchen strömt. Die Zahl der Kirchen-Austritte habe sich vermindert, die der Wiedereintritte in die Religionsgemeinschaften deutlich erhöht.

Stars der 40er Jahre

Humphrey Bogart
Filmschauspieler
John Wayne
Filmschauspieler
Katharine Hepburn
Filmschauspielerin
Hans Albers
Filmschauspieler
Joe Louis
Boxer

Wetter

Die mittlere Temperatur beträgt im April 1943 angenehme 10,2°C. Die Sonnenscheindauer von 182 Stunden ist jedoch unterdurchschnittlich.

1944

Samstag **22.** *April*

Die Stadt Hamm erlebt den ersten schweren Bombenangriff der alliierten Luftstreitkräfte. In den Trümmern sterben 234 Menschen. Im gesamten Deutschen Reich verstärkt sich im Frühjahr 1944 der Bombenkrieg. So werfen Ende April US-Flugzeuge über Berlin 2200 t Spreng- und Brandbomben ab. Das ist das bislang schwerste Tagesbombardement der Alliierten.

Rekorde in den 40er Jahren

5000 m: G. Hägg (SWE) – 13:58,2 min (1942)
Hochsprung: Fanny Blankers-Koen (HOL) – 1,71 m (1943)
Marathon: Suh Yun Bok (KOR) – 2:25:39 h (1947)
Speerwerfen: Natalia Smirnizkaja (URS) – 53,41 m (1949)

 Politik

Bei Hollandia (Djajapura) auf Neuguinea landen US-amerikanische Marinesoldaten. Sie stoßen auf nur geringen Widerstand der japanischen Besatzer.

 Sport

Weltrekord über 100 m Schmetterling schwimmt die Deutsche Gisela Groß in Leipzig. Sie legt die Strecke in 1:19,3 min zurück.

 Wetter

Mit 9,1 °C im Mittel ist es im April 1944 etwas wärmer als gewöhnlich.

1945

Sonntag 22. April

Politik 🌐

Sowjetische Truppen dringen in die Berliner Stadtbezirke Weißensee und Pankow ein. Damit geht der Kampf um die Reichshauptstadt in seine entscheidende Phase. Die Schlacht um Berlin, in der sich 2,5 Mio. Soldaten der Roten Armee und nur rund 94 000 schlecht ausgerüstete deutsche Soldaten gegenüberstehen, war am 16. April durch heftigen Artilleriebeschuß eingeleitet worden. Am 30. April wird auf dem Reichstagsgebäude von sowjetischen Soldaten die rote Fahne gehißt. Am selben Tag begeht der »Führer« und Reichskanzler Adolf Hitler im Bunker unter der Reichskanzlei Selbstmord.

Politik 🌐

Unter dem Befehl von General Jean de Lattre de Tassigny besetzt die französische 1. Armee Stuttgart. Weite Gebiete Süddeutschlands stehen bereits unter Kontrolle US-amerikanischer bzw. französischer Truppen.

Wetter

Der letzte April des Zweiten Weltkrieges ist überwiegend mild. Die Temperatur liegt 0,6 °C über dem langjährigen Mittel (8,3 °C). Vor dem Hintergrund der mangelhaften Versorgung mit Heizmaterial hat dieser Umstand eine besondere Relevanz.

1946

Montag **22.** *April*

 Politik

Der Vereinigungsparteitag von SPD und KPD der sowjetischen Besatzungszone endet nach zweitägiger Dauer im Berliner Admiralspalast. Vorsitzende der unter Druck gebildeten Sozialistischen Einheitspartei Deutschlands (SED) werden Wilhelm Pieck und Otto Grotewohl. In den Westsektoren Berlins hatten sich die Sozialdemokraten gegen eine Vereinigung ausgesprochen.

 Politik

Das Extravagante an diesem Sommerkleid – der mit Tapeziernägeln besetzte Gürtel

Der US-amerikanische Botschafter in China, General George C. Marshall, vermittelt ein Gespräch zwischen den Bürgerkriegsparteien. Nach dem Ende der japanischen Besatzung ist der Konflikt zwischen den chinesischen Kommunisten unter Mao Tse-tung und der rechtsgerichteten Kuomintang unter Chiang Kai-shek wieder ausgebrochen. 1949 gehen die Kommunisten aus dem Bürgerkrieg als Sieger hervor.

 Wetter

Mit einer mittleren Temperatur von 11,2°C ist der April 1946 sehr mild. Es regnet zudem nur selten.

66

Der US-amerikanische Senat billigt in Washington das von Präsident Harry S. Truman vorgelegte Hilfsprogramm für Griechenland und die Türkei. Insgesamt sollen den beiden Staaten Güter im Wert von 400 Mio. US-Dollar zur Verfügung gestellt werden. Darüber hinaus erhalten sie Militärhilfe. Durch die Unterstützung hofft die US-Regierung gemäß der sog. Truman-Doktrin, eine Annäherung der beiden Staaten an die UdSSR zu verhindern.

Das Modemagazin »Esquire« stellt diese Abendmode für den Herrn vor

Palästinensische Terroristen verüben einen Sprengstoffanschlag auf den zwischen Kairo und Beirut verkehrenden Ägypten-Expreß. Acht Passagiere, darunter sechs britische Soldaten, kommen ums Leben. Die Terroristen fordern den Abzug der Mandatsmacht Großbritannien aus Palästina.

Nach einem extrem kalten Winter gibt sich der April 1947 überwiegend freundlich. Die Mitteltemperatur beträgt 9,9 °C.

Donnerstag **22.** *April*

Preise in den 40er Jahren

1 kg Butter	3,50
1 kg Mehl	0,45
1 kg Fleisch	1,60
1 l Vollmilch	0,26
1 Ei	0,12
10 kg Kartoffeln	1,00
1 kg Zucker	0,76
Stundenlohn	0,81
in RM, Stand 1943	

 Politik

Durch Behinderungen der sowjetischen Besatzungsmacht kommt der alliierte Eisenbahnverkehr zwischen Berlin und den Westzonen zum Erliegen. Im Juni schneidet die UdSSR, die ganz Berlin als Teil ihrer Zone ansieht, den Westteil der Stadt vollständig von der Versorgung auf dem Landweg ab. Die Blockade dauert bis zum Mai 1949 an.

 Politik

Nach heftigen Gefechten erobern Verbände der jüdischen Hagana die Hafenstadt Haifa. Seit der 1947 von den Vereinten Nationen beschlossenen Teilung Palästinas in einen jüdischen und einen arabischen Teil kommt es in dem britischen Mandatsgebiet zwischen beiden Bevölkerungsgruppen zu bewaffneten Auseinandersetzungen. Nach der Proklamation des Staates Israel am 14. Mai 1948 eskalieren die Kämpfe: Fünf arabische Staaten erklären dem jüdischen Staat den Krieg.

 Wetter

Eine mittlere Temperatur von 11,6°C wird im milden April 1948 gemessen.

Freitag **22.** *April*

Politik

Die westlichen Besatzungsmächte lehnen die Abhaltung von Wahlen zum Deutschen Volksrat in den Westsektoren Berlins ab. Die im sowjetischen Besatzungsgebiet durchgeführten Wahlen dienen der Vorbereitung der Gründung der DDR.

Politik

Im Iran verurteilt ein Gericht 14 Führer der verbotenen Tudeh-Partei wegen Anstiftung zu Unruhen zu langjährigen Haftstrafen. Angehörige der Tudeh-Partei werden für ein im Februar verübtes Attentat auf Schah Mohammad Resa Pahlawi verantwortlich gemacht.

Gesellschaft

Die Zensurbehörde Motion Picture Association of America fordert die Schauspielerin Ingrid Bergman zum Abbruch ihrer Beziehung zu dem Regisseur Roberto Rossellini auf. Die skandalöse Affäre der verheirateten Schwedin sei mit dem Image eines Hollywood-Stars nicht vereinbar.

Wetter

Der April 1949 ist mit einer Mitteltemperatur von 10,9 °C angenehm mild.

1950-1959

Highlights des Jahrzehnts

1950

- Ausbruch des Koreakrieges
- Abschaffung der Lebensmittelmarken in Deutschland

1951

- Debatte um die Wiederaufrüstung Deutschlands
- Skandal um Hildegard Knef als »Sünderin«
- Erster Schritt zur europäischen Einigung: Montanunion perfekt
- Der persische Schah Mohammed Resa Pahlewi heiratet Soraya

1952

- Helgoland wieder unter deutscher Verwaltung
- Staatsstreich in Ägypten
- DDR riegelt Grenze ab
- Dwight D. Eisenhower wird zum 34. US-Präsidenten gewählt
- USA zünden Wasserstoffbombe
- In Deutschland bricht das Fernsehzeitalter an

1953

- Tod des sowjetischen Diktators Josef Stalin
- Volksaufstand in der DDR
- Elisabeth II. zur Königin von Großbritannien und Nordirland gekrönt
- Mount Everest: Höchster Berg der Welt bezwungen

1954

- Französische Niederlage in Vietnam
- Deutschland wird in Bern Fußballweltmeister
- Beginn des Algerienkrieges
- Mit »That's alright Mama« beginnt der Aufstieg von Elvis Presley

1955

- Die Bundesrepublik wird ein souveräner Staat
- Gründung des Warschauer Paktes
- Tragischer Tod von James Dean
- Erste »documenta«

1956

- Traumhochzeit von Grace Kelly und Rainier III. von Monaco
- Volksaufstand in Ungarn
- Suezkrise führt zu Nahostkrieg
- Musical »My Fair Lady« beginnt seinen Siegeszug um die Welt

1957

- Gründung der EWG
- »Sputnik-Schock« bildet Auftakt zu Wettlauf im All
- Heinz Rühmann als »Hauptmann von Köpenick« gefeiert
- Erste Massenimpfung gegen Kinderlähmung

1958

- De Gaulle und Adenauer begründen deutsch-französische Freundschaft
- Rock 'n' Roll-Fieber grassiert weltweit
- Pelé – Star der Fußballweltmeisterschaft in Schweden
- Atomium ist Wahrzeichen der Weltausstellung in Brüssel

1959

- Fidel Castro übernimmt die Macht in Kuba
- Hula-Hoop-Welle schwappt aus den USA nach Europa
- Premiere des Marilyn-Monroe-Films »Manche mögen's heiß«
- Erste Bilder von der Rückseite des Mondes

◀ Rock around the clock: Bill Haley (vorn) »erfindet« den Rock 'n' Roll

1950

Samstag **22.** *April*

 Politik

Vor der zunehmenden sowjetischen Propaganda
warnt in Washington der US-amerikanische
Außenminister Dean Acheson. Diese falle bei der
Bevölkerung der USA und anderer westlicher Staaten teilweise auf fruchtbaren Boden und untergrabe
die Freiheit der westlichen Welt. Präsident Harry S.
Truman hatte bereits wenige Tage zuvor die US-
amerikanischen Zeitungen und Rundfunksender zu
einer »Wahrheitskampagne gegen russische Lügen«
aufgefordert.

 Gesellschaft

Rund 6000 Londoner Hafen- und Dockarbeiter
versuchen durch einen Streik, die Gewerkschaften
in die Knie zu zwingen. Diese hatten bei einem vor-
herigen, von der Gewerkschaftsführung nicht ge-
billigten Ausstand drei Arbeiter ausgeschlossen.
Der Streik endet am 30. Mai ergebnislos. Um die
Versorgung der britischen Hauptstadt sicherzustel-
len, hatte die Regierung Militär in den Hafen ab-
kommandiert.

 Wetter

Der April 1950 ist kühler als in anderen Jahren. Die
Abweichung vom langjährigen Mittelwert (8,3°C)
fällt mit 0,4 °C jedoch gering aus.

72

1951

Sonntag **22.** *April*

Politik

Der britische Arbeitsminister Aneurin Bevan und Handelsminister James Harold Wilson erklären in London ihren Rücktritt. Die beiden Labour-Politiker protestieren damit gegen die von Premierminister Clement Attlee (Labour) geplante drastische Erhöhung des Wehretats.

Gesellschaft

Der frühere Oberbefehlshaber der UN-Truppen in Korea, Douglas MacArthur, wird in New York mit einer Konfettiparade empfangen. MacArthur war von US-Präsident Truman entlassen worden, nachdem er sich für eine Ausweitung des Korea-Krieges (1950–1953) ausgesprochen hatte.

Sport

Das Nationale Olympische Komitee der DDR konstituiert sich in Ost-Berlin. Damit soll die Zweistaatlichkeit Deutschlands auch auf dem Gebiet des Sportes dokumentiert werden.

Wetter

Herrliches Frühlingswetter verwöhnt die Deutschen im April 1951. Bei nur 29 mm Niederschlag werden 226 Stunden Sonne registriert.

Dienstag **22.** *April*

 Gesellschaft

Die Zündung einer Atombombe wird im US-amerikanischen Fernsehen übertragen. Es ist das erste Mal, daß ein Nukleartest der Öffentlichkeit gezeigt wird; bislang waren die Versuche unter strengster Geheimhaltung unternommen worden. Neben den TV-Zuschauern verfolgen in der Wüste von Nevada 2000 Soldaten von Schützengräben aus die Detonation. Unmittelbar nach der Explosion werden sie in das Abwurfgebiet geschickt. Zahlreiche Soldaten erleiden dabei Strahlenschäden.

 Kultur

Im Pariser Théâtre du Nouveau Lancry hat das Schauspiel »Les chaises« (»Die Stühle«) des französischen Dramatikers Eugène Ionesco seine Uraufführung. Die Inszenierung besorgte Sylvain Dhomme. Ionesco ist einer der Hauptvertreter des sog. absurden Theaters.

 Wetter

Trotz milder Temperaturen (Mittelwert 11,8°C) und überwiegend trockener Witterung erfüllen sich im April 1952 Hoffnungen auf ein strahlendes Frühlingswetter nicht. Der Himmel bleibt meist trübe, die Sonne läßt sich nur selten blicken. Das langjährige Mittel beträgt 193 Sonnenstunden.

Mittwoch **22.** *April*

Politik

Der vierte Bundesparteitag der CDU geht in Hamburg zu Ende. Im Mittelpunkt stand die Verabschiedung eines Programms für die bevorstehenden Bundestagswahlen, das unter dem Motto »Deutschland – sozialer Rechtsstaat im geeinten Europa« steht. Bei den Wahlen im September kann die Union starke Gewinne erzielen.

Preise in den 50er Jahren	
1 kg Butter	6,75
1 kg Mehl	0,76
1 kg Fleisch	5,01
1 l Vollmilch	0,40
1 Ei	0,23
10 kg Kartoffeln	2,14
1 kg Kaffee	21,40
Stundenlohn	1,96
in DM, Stand 1955	

Politik

Zwischen UN-Streitkräften und der nordkoreanischen bzw. chinesischen Armee werden in Panmunjom rund 7000 Gefangene ausgetauscht. In dem 1950 ausgebrochenen Korea-Krieg, der im Januar 1953 mit dem Abschluß eines Waffenstillstands endete, standen sich das kommunistische Nordkorea und das von UN-Streitkräften unter US-Kommando unterstützte Südkorea gegenüber.

Wetter

Herrliches Frühlingswetter bietet der April 1953. Die Sonne scheint 290 Stunden (langjähriges Mittel: 193 Sonnenstunden).

Donnerstag **22.** *April*

 Politik

Die Teilung Vietnams in ein von den Kommunisten kontrolliertes und ein französisches Gebiet schlägt die britische Regierung vor. Dadurch könne der 1950 ausgebrochene Indochina-Krieg zwischen den Vietminh und der Kolonialmacht Frankreich beendet werden. Der Vorschlag stößt auf Zustimmung: Im Mai 1954 erfolgt die Teilung Vietnams entlang des 17. Breitengrads in einen nördlichen, kommunistischen und einen südlichen Teil.

Rekorde in den 50er Jahren

Kugelstoßen: Jim Fuchs (USA) – 17,95 m (1950)

10 000 m: Emil Zátopek (TCH) – 28:54,6 min (1954)

800 m: R. Moens (BEL) – 1:45,7 min (1955)

Eisschnellauf: Eugen Grischin (URS) – 1000 m in 1:22,8 min (1955)

 Politik

Drei Mitglieder des sowjetischen Geheimdienstes laufen in Frankfurt am Main zu den US-amerikanischen Behörden über. Sie berichten u.a. von einem in Moskau ausgearbeiteten Plan zur Ermordung eines Regimekritikers.

 Wetter

Ein typischer, von häufigen Witterungswechseln geprägter April 1954. Regen, Schnee, Sonnenschein – die gesamte Wetterpalette wird geboten. Es fallen 61 mm Niederschlag.

1955

Freitag **22.** *April*

Ein Abkommen zur Beendigung der doppelten Staatsbürgerschaft in Indonesien lebender Chinesen unterzeichnen in Bandung der chinesische Ministerpräsident Chou En-lai und der indonesische Außenminister Sunarjo. Die rund 2,5 Mio. Betroffenen sollen sich innerhalb der nächsten zwei Jahre entscheiden, ob sie für die chinesische oder die indonesische Staatsbürgerschaft optieren.

Politik

Ihrer Ämter enthoben werden auf einer Konferenz der Kommunistischen Partei Chinas in Peking mehrere Funktionäre. Ihnen wird Verschwörung und parteifeindliches Verhalten vorgeworfen.

Sport

Den Weltmeistertitel im Tischtennis gewinnt in der niederländischen Stadt Utrecht die Rumänin Angelica Rozeanu. Den Abschluß des Turniers bildet am folgenden Tag der Sieg des Japaners Toshihaki Tanaka im Finale der Herren.

Wetter

Unangenehm kalt – 6,8 °C im Mittel – und regnerisch ist es im April 1955 in Deutschland.

1956

Politik

Auf einer Festveranstaltung zum 10. Jahrestag der SED-Gründung in Ost-Berlin empört sich Parteichef Walter Ulbricht über Vorwürfe der Bundesrepublik, in der DDR herrsche ein totalitäres Regime. In der Deutschen Demokratischen Republik bestehe – im Gegensatz zu Westdeutschland – kein Widerspruch zwischen den Interessen des Staates und denen seiner Einwohner.

Gesellschaft

Einen vom US-amerikanischen Geheimdienst vom Westteil der Stadt aus auf östliches Gebiet getriebenen Stollen, der mit technischen Hilfsmitteln zur Spionage bzw. zum Abhören von Telefonen ausgerüstet ist, entdecken sowjetische Soldaten in Alt-Glienicke im Süden Berlins. Vertretern der internationalen Presse wird der Tunnel als Beweis »verbrecherischer Wühltätigkeit der US-Imperialisten« präsentiert.

Wetter

Die Wetter-Bilanz für den April 1956 fällt eher schlecht aus. Mit 5,4°C mittlerer Temperatur und nur 106 Stunden Sonnenschein werden die langjährigen Durchschnittwerte (8,3°C bzw. 193 Sonnenstunden) deutlich unterschritten.

1957

Montag **22.** *April*

Der chilenische Präsident Carlos Ibañez del Campo bildet nach dem Rücktritt von vier Ministern der Landarbeiterpartei eine neue Regierung. Er kennzeichnet sie als »administrativ-militärisch«.

Gesellschaft

Der Komet »Arend-Roland« ist in weiten Teilen Europas am Nachthimmel mit bloßem Auge zu erkennen. Das Erscheinen des Kometen hatte bei abergläubischen Zeitgenossen Furcht vor bevorstehenden Katastrophen ausgelöst.

Gesellschaft

Millionen Europäer nutzen das Osterwochenende für Ausflüge und Kurzurlaube. Dabei ist Rom eines der bevorzugten Ziele. Über die Feiertage werden mehr als 300 000 ausländische Besucher gezählt.

Wetter

Stark wechselhaft ist das Aprilwetter 1957. Die Durchschnittstemperatur von 8,6 °C liegt um 0,3 °C über dem langjährigen Mittel.

Stars der 50er Jahre

Marilyn Monroe
Filmschauspielerin
James Dean
Filmschauspieler
Elvis Presley
Sänger
Sophia Loren
Filmschauspielerin
Brigitte Bardot
Filmschauspielerin

1958

Dienstag 22. April

🌐 *Politik*

Zur gegenseitigen Achtung ihrer Souveränität und zur Zusammenarbeit auf politischem, wirtschaftlichem und kulturellem Gebiet verpflichten sich in Accra, der Hauptstadt des Sudan, die acht neben der Südafrikanischen Union unabhängigen Staaten Afrikas. Darüber hinaus sichern sie sich gegenseitige Unterstützung im Kampf gegen jede Form der Rassendiskriminierung zu.

Stets korrekt und im Zweifelsfall eher weit geschnitten: Herrenmode in den 50ern

 Politik

Prinzessin Margaret von Großbritannien eröffnet in Port of Spain (Trinidad) das erste Parlament der Westindischen Föderation, einem Zusammenschluß der westindischen britischen Kolonien. Als Jamaika, Trinidad und Tobago 1962 die volle Unabhängigkeit erhalten, löst sich die Förderation auf.

 Wetter

Der April 1958 ist kühl, feucht und trübe. Die mittlere Temperatur kommt über die 6 °C-Marke nicht hinaus. Die Sonne läßt sich nur 124 Stunden lang blicken (langjähriges Mittel: 193 Sonnenstunden).

Gesellschaft

In einem spektakulären Prozeß verurteilt das Bonner Landgericht den deutschen Botschafter in Paris, Herbert Blankenhorn, wegen vorsätzlicher falscher Anschuldigung zu vier Monaten Gefängnis auf Bewährung. Blankenhorn soll Bestechungsvorwürfe gegen einen Ministerialrat im Bundeswirtschaftsministerium ungeprüft weitergeleitet haben. Daraufhin wurde dieser entlassen. 1960 erwirkt Blankenhorn in einem Revisionsverfahren einen Freispruch.

Gesellschaft

In das französische Überlandnetz wird aus dem Kernkraftwerk Marcoule erstmals mit Atomenergie erzeugter Strom eingespeist. Frankreich richtet in den 60er und 70er Jahren seine Energiepolitik fast vollständig auf den Atomstrom aus.

Für eine gute Figur auf der Tanzfläche: Kleid aus Chiné-Taft

Wetter

Freundlich präsentiert sich der April 1959. In Berlin scheint die Sonne 203 Stunden, etwas mehr als im langjährigen Mittel (193 Stunden).

1960–1969

Highlights des Jahrzehnts

.... 1960 ....

- Gründung der EFTA
- Frankreich wird 4. Atommacht
- John F. Kennedy wird 35. Präsident der USA
- Hochzeit des Jahres: Fabiola und König Baudouin von Belgien

.... 1961 ....

- Erster Mensch im Weltraum: der Russe Juri Gagarin
- Bau der Mauer in Berlin
- Gründung von Amnesty International

.... 1962 ....

- Flutkatastrophe an der Nordseeküste und in Hamburg
- Kuba-Krise: USA erzwingen Abbau sowjetischer Raketenbasen
- »Spiegel«-Affäre löst Regierungskrise aus
- Start der erfolgreichsten Serie der Kinogeschichte: James Bond

.... 1963 ....

- Deutsch-Französischer Freundschaftsvertrag
- US-Präsident Kennedy wird in Dallas erschossen
- Marika Kilius und Hans-Jürgen Bäumler werden Weltmeister im Eiskunstlaufen

.... 1964 ....

- Die USA greifen in den Vietnamkrieg ein
- Revolution in der Damenmode: der Minirock
- Der 22jährige Cassius Clay wird jüngster Boxweltmeister
- UdSSR: Breschnew neuer KP-Chef

- Erfolgreichste Pop-Gruppe der 60er: die Beatles
- Den Rolling Stones gelingt der internationale Durchbruch

.... 1965 ....

- Im Alter von 90 Jahren stirbt in London Winston Churchill
- Erste Fotos vom menschlichen Embryo im Mutterleib
- Ziehung der Lottozahlen erstmals im Fernsehen

.... 1966 ....

- Große Koalition aus CDU/CSU und SPD gebildet
- APO beginnt sich zu formieren

.... 1967 ....

- Sechs-Tage-Krieg in Nahost
- Erste Herztransplantation
- Bürgerkrieg in Biafra
- Kult-Musical »Hair« wird uraufgeführt

.... 1968 ....

- Ermordung des schwarzen Bürgerrechtlers Martin Luther King und des US-Präsidentschaftskandidaten Robert Kennedy
- »Prager Frühling« durch Einmarsch von Warschauer-Pakt-Truppen beendet
- Aufklärungswelle erreicht den Schulunterricht

.... 1969 ....

- Willy Brandt wird Kanzler einer sozialliberalen Koalition
- Der erste Mensch betritt den Mond
- »Sesamstraße« begeistert Millionen von Kindern
- Rockfestival in Woodstock

◀ **Voller Optimismus in die 60er: John F. Kennedy und seine Frau Jacqueline**

Freitag **22.** *April*

Gesellschaft

An der Grenze zur Bundesrepublik verstärken die Grenztruppen der DDR ihre Kontrollen. Grund ist die nach Abschluß der Zwangskollektivierung der Landwirtschaft sprunghaft gestiegene Zahl von Flüchtlingen. Von April bis September verlassen mehr als 3100 Bauern die DDR. Im gesamten Vorjahr waren es 1347.

Gesellschaft

Der Schriftsteller und Journalist Georges Arnaud wird in Paris festgenommen, nachdem er im Rahmen einer Reportage über die Unabhängigkeitsbestrebungen in Algerien von einer Pressekonferenz der Befreiungsorganisation FLN berichtet hatte. Arnaud, der sich weigert, Informationen über ein steckbrieflich gesuchtes Mitglied der FLN weiterzugeben, wird von einem Militärgericht zu zwei Jahren Haft auf Bewährung verurteilt. Festnahme und Verurteilung Arnauds werden in Frankreich als schwerer Schlag gegen die Pressefreiheit gewertet.

Wetter

Der Frühling lässt – wenigstens aus meteorologischer Sicht – im April 1960 auf sich warten. Mit einer mittleren Temperatur von 7,5°C ist es für die Jahreszeit zu kühl (langjähriges Mittel 8,3 °C).

Samstag **22.** *April*

Politik

Einen Putschversuch gegen den französischen Staatspräsidenten Charles de Gaulle unternehmen französische Militärs in Algerien. Hintergrund sind die Absichten de Gaulles, die Kolonie in die Unabhängigkeit zu entlassen. In den folgenden Tagen schließen sich weitere Offiziere, die Algerien als integralen Bestandteil Frankreichs ansehen, den Putschisten an. Aus Furcht vor einem Übergreifen des Putsches fahren in Paris Panzer zum Schutz der Regierung auf. Am 26. April kann die Rebellion niedergeschlagen werden.

Politik

Portugiesische Streitkräfte versuchen mit Waffengewalt, die Aufstände in der Überseeprovinz Angola niederzuschlagen. Das Land ist bereits seit mehreren Jahren Schauplatz eines Befreiungskrieges. Angola wird erst nach der Revolution von 1974 in Portugal unabhängig.

Wetter

199 Stunden Sonne werden im April 1961 gemessen. Dies entspricht weitgehend dem langjährigen Mittel.

Preise in den 60er Jahren

1 kg Butter	7,58
1 kg Mehl	1,06
1 kg Fleisch	7,91
1 l Vollmilch	0,50
1 Ei	0,21
10 kg Kartoffeln	2,88
1 kg Kaffee	16,61
Stundenlohn	4,15

in DM, Stand 1964

Sonntag 22. *April*

Politik

Im Rahmen der Ostermarsch-Bewegung finden in mehreren deutschen Städten Kundgebungen und Demonstrationen gegen die Rüstung statt. Mehrere Tausend Menschen fordern die Großmächte auf, die Herstellung von Atomwaffen zu stoppen und ihre Vernichtungspotentale abzubauen. Die Ostermarsch-Bewegung hat ihren Ursprung in Großbritannien, wo 1959 ein Protestzug vom Kernforschungszentrum Aldermasron in das 80 km enfernte London organisiert worden war.

Politik

Einzelheiten zu den Berlin-Plänen der Vereinigten Staaten veröffentlicht die US-amerikanische Zeitung »New York Times«. Vorgesehen ist u.a. die Einrichtung eines internationalen Kontrollausschusses zur Überwachung des freien Zugangs nach West-Berlin. Nach dem Mauerbau 1961 fürchten die Westmächte, die Sowjetunion bzw. die DDR könnte nun auch die Zufahrtswege von der Bundesrepublik in den Westteil der Stadt sperren.

Wetter

Relativ mild ist es im April 1962. Die mittlere Temperatur beträgt 9,9 °C (langjähriger Durchschnittswert: 8,3 °C).

1963

Montag **22.** *April*

Politik

In Gesprächen mit der Bundesregierung in Bonn bezeichnen Vertreter der Siegermächte USA, Großbritannien und Frankreich die geplante Sitzung des Bundestages in Berlin »aus politischen Gründen gegenwärtig für nicht angebracht«. Dadurch könne die Sowjetunion bzw. die DDR provoziert werden.

Politik

Aus den Wahlen zum kanadischen Parlament gehen die Liberalen als Sieger hervor. Ministerpräsident des Landes wird Lester Bowles Pearson.

Politik

Die kubanische Führung ordnet die vorzeitige Entlassung und Abschiebung von US-amerikanischen Staatsbürgern an, die wegen konterrevolutionärer Tätigkeit eine Gefängnisstrafe verbüßen.

Rekorde in den 60er Jahren

Stabhochsprung: Brian Sternberg (USA) – 5,00 m (1963)
Hochsprung: V. Brumel (URS) – 2,28 m (1963)
Weitsprung: Bob Beamon (USA) – 8,90 m (1968)
100 m: Jim Hines (USA) – 9,9 sec (1968)

Wetter

Bei einer mittleren Temperatur von 8,9°C scheint im April 1963 nur an 150 Stunden die Sonne.

Politik

Am Berliner Kontrollpunkt Heerstraße tauschen Großbritannien und die Sowjetunion zwei Spione aus. Der wegen Spionage in Moskau zu einer Haftstrafe verurteilte britische Geschäftsmann Greville Wynne wird im Austausch gegen den KGB-Agenten Arnold Lonsdale Vertretern der britischen Regierung übergeben.

Gesellschaft

Die 32. Weltausstellung öffnet in New York ihre Pforten. Es ist eine Schau der Superlative. Die Gesamtkosten werden auf umgerechnet 4 Mrd. DM geschätzt. Wahrzeichen der Weltausstellung, die von rund 70 Mio. Menschen besucht wird, ist der 42 m hohe Stahlglobus »Unisphere«.

Gesellschaft

Der Präsident des britischen Friseur-Handwerks bietet in London den Mitgliedern der Rockgruppe »The Rolling Stones« öffentlich einen kostenlosen Haarschnitt an.

Wetter

Im recht milden April 1967 fallen 76 mm Niederschlag (langjähriges Mittel 41 mm).

1965

Politik

Für die Anerkennung des Staates Israel durch die arabischen Länder spricht sich der tunesische Staatspräsident Habib Burgiba in Tunis aus. Voraussetzung sei jedoch die Räumung der von Israel besetzten palästinensischen Gebiete und die Wiederansiedlung von Flüchtlingen.

Gesellschaft

Der Aufsichtsrat der Volkswagen-AG beschließt in Wolfsburg die Ausschüttung einer Dividende von 20% auf das Aktienkapital (600 Mio. DM). Im Vorjahr waren 16% Dividende ausgeschüttet worden. Das ist der größte Dividendenzuwachs in der Geschichte der Bundesrepublik. Hintergrund ist die ungewöhnlich gute Geschäftslage des Konzerns. Der »VW Käfer« bricht im In- und Ausland sämtliche Verkaufsrekorde.

Stars der 60er Jahre

Die Beatles
Popgruppe
Sean Connery
Filmschauspieler
Pelé
Fußballspieler
Jean Paul Belmondo
Filmschauspieler
Dustin Hoffman
Filmschauspieler

Wetter

Nach einer Bauernregel verspricht »nasser April der Früchte viel«. Im trüben April 1965 fällt fast das Dreifache der üblichen Regenmenge – insgesamt 122 mm.

Freitag **22.** *April*

 Politik

Die Ausweisung des Korrespondenten der »New York Times« verfügt die südafrikanische Regierung. Der Journalist, der kritische Berichte über die Rassentrennungspolitik der weißen Führung veröffentlicht hatte, muß die Kaprepublik innerhalb einer Woche verlassen.

 Gesellschaft

Der US-amerikanische Chirurg Michael de Bakey setzt sich in Houston (US-Bundesstaat Texas) einem Menschen erstmals ein künstliches Herz ein. Der Patient stirbt bereits nach 100 Stunden. Erfolgreicher verläuft Ende 1967 die in Kapstadt von Christiaan Barnard vorgenommene Transplantation eines menschlichen Herzens, die der Patient um 18 Tage überlebt.

 Kultur

Unter dem Vorwurf, er habe Schriften mit »antisowjetischem Inhalt« in den Westen geschmuggelt, wird der ukrainische Schriftsteller Iwan Swetlitschny inhaftiert.

 Wetter

87 mm Niederschlag fallen im milden April 1966.

Samstag **22.** *April*

Technik

Die vor drei Tagen auf dem Mond gelandete Sonde »Surveyor 3« beginnt nach der Übertragung von Bildern mit der Untersuchung des Bodens. Mit Hilfe von vier schwenkbaren Stahlschaufeln gelingt es dem unbemannten Raumschiff, rund 15 cm tief in die Mondoberfäche einzudringen.

Gesellschaft

In Saarbrücken muß die »Südwestdeutsche Allgemeine Zeitung«, die eine tägliche Auflage von 15 000 Exemplaren hat, ihr Erscheinen aus wirtschaftlichen Gründen einstellen. In der Bundesrepublik sind in den letzten Jahren zahlreiche Lokalzeitungen eingegangen oder von überregionalen Blättern übernommen worden.

Sport

Der US-amerikanische Leichtathlet Randy Matson stellt in College Station (Texas) mit 21,87 m einen Weltrekord im Kugelstoßen auf.

Wetter

Der April 1967 ist im Vergleich zu anderen Jahren zu kühl. Die mittlere Temperatur beträgt 7,3 °C (langjähriges Mittel: 8,3 °C).

Montag **22.** *April*

»Mini« heißt das
Schlagwort der 60er –
hier in Form eines
Strickkleides

 Gesellschaft

In Großbritannien kommen erstmals Dezimalmünzen in Umlauf. Die neuen 5- und 10-Pence-Münzen ersetzen die bisherigen Ein- und Zweishillingstücke. Bis 1971 soll das gesamte Geldwesen auf das Dezimalsystem umgestellt werden. Die Maßnahme bildet den Auftakt zur Einführung des metrischen Systems, die 1975 abgeschlossen wird. Die Regierung verspricht sich von der Maßnahme eine Vereinfachung des Außenhandels.

 Gesellschaft

Nach einer neuen Verordnung dürfen Hunde und Katzen die Grenzen der Bundesrepublik künftig nur noch nach Vorlage einer Gesundheitsbescheinigung passieren. Dadurch soll der Verbreitung von Krankheiten entgegengewirkt werden.

 Wetter

Die Deutschen freuen sich im April 1968 über prächtiges Frühlingswetter. Die mittlere Temperatur erreicht bei einer überdurchschnittlichen Sonnenscheindauer von 225 Stunden milde 10,6 °C.

Dienstag **22.** *April*

Politik

Die nigerianische Armee erobert Umuahia, die provisorische Hauptstadt der abtrünnigen Provinz Biafra. Seitdem sich im Juli 1967 das vom Volk der Ibo bewohnte Biafra für unabhängig erklärt hatte, tobt in Nigeria ein blutiger Bürgerkrieg. Unter dem Konflikt leidet insbesondere die Zivilbevölkerung; sie muß neben den Kampfhandlungen verheerende Hungersnöte ertragen. Der Biafrakrieg endet 1970 mit dem Sieg der nigerianischen Regierungstruppen über die separatistischen Ibo.

Politik

Die Sowjetunion hinterlegt als zweiter Staat nach Polen bei den Vereinten Nationen in New York die Ratifikationsurkunde zur Konvention über die Nichtverjährbarkeit von Kriegsverbrechen und Verbrechen gegen die Menschlichkeit.

Wetter

Kurzer Mantel mit Schlaghose: Auch in die Männermode kommt Bewegung

Der April 1969 ist ausgesprochen feucht. 101 mm Niederschlag liegen deutlich über dem langjährigen Mittel (41 mm). Zudem läßt sich die Sonne nur selten blicken (langjähriges Mittel: 193 Sonnenstunden).

1970-1979

Highlights des Jahrzehnts

.... *1970* ....

- Neue deutsche Ostpolitik: Moskauer und Warschauer Vertrag
- Vietnamkrieg weitet sich auf Kambodscha aus
- Einstellung des Contergan-Prozesses

.... *1971* ....

- Einführung des Frauenwahlrechts in der Schweiz
- Friedensnobelpreis für Willy Brandt
- Hot pants – Modeschlager der Saison
- Kinohit »Love Story« rührt Millionen Zuschauer zu Tränen

.... *1972* ....

- Unterzeichnung des Rüstungskontrollabkommens SALT I
- Verhaftung von Baader-Meinhof-Terroristen
- Überfall palästinensischer Terroristen auf die israelische Mannschaft bei den Olympischen Spielen in München
- Unterzeichnung des Grundvertrages zwischen Bundesrepublik und DDR

.... *1973* ....

- Aufnahme beider deutscher Staaten in die UNO
- USA ziehen ihre Truppen aus Vietnam zurück
- Jom-Kippur-Krieg in Nahost
- Ölkrise: Sonntagsfahrverbot auf bundesdeutschen Straßen

.... *1974* ....

- Guillaume-Affäre stürzt Willy Brandt, neuer Bundeskanzler wird Helmut Schmidt
- Watergate-Affäre zwingt US-Präsident Nixon zum Rücktritt

- Deutschland wird Fußballweltmeister
- »Nelkenrevolution« in Portugal

.... *1975* ....

- Beginn des Bürgerkriegs im Libanon
- Unterzeichnung der KSZE-Schlußakte in Helsinki
- Spanien: Tod Francos und demokratische Reformen unter König Juan Carlos I.
- Einweihung des 3 km langen Elbtunnels in Hamburg
- Volljährigkeit von 21 auf 18 Jahre herabgesetzt

.... *1976* ....

- Umweltkatastrophe in Seveso
- Anschnallpflicht für Autofahrer
- Traumhochzeit des Jahres: Karl XVI. Gustav von Schweden heiratet die Deutsche Silvia Sommerlath

.... *1977* ....

- Entführung und Ermordung des Arbeitgeberpräsidenten Hanns Martin Schleyer
- Emanzipationswelle: Frauenzeitschrift »Emma« erscheint

.... *1978* ....

- Friedensverhandlungen zwischen Israel und Ägypten in Camp David
- In England kommt das erste Retortenbaby zur Welt

.... *1979* ....

- Überfall der Sowjetunion auf Afghanistan
- Schiitenführer Khomeini proklamiert im Iran die Islamische Republik
- Sandinistische Revolution beendet Somoza-Diktatur in Nicaragua

◄ **Martina Navratilova gewinnt neunmal in Wimbledon, zuerst 1978**

Politik

Regierungsvertreter der Bundesrepublik und Polens treffen in Warschau zu einer dritten Gesprächsrunde über eine Normalisierung der Beziehungen beider Staaten zusammen. Im Dezember 1970 ist der sog. Warschauer Vertrag unterschriftsreif. Darin wird die Aufnahme diplomatischer Beziehungen vereinbart und der gegenseitige Verzicht auf Gebietsansprüche erklärt.

 Politik

Die Nationalpartei unter Ministerpräsident Balthazar Vorster geht bei den Parlamentswahlen in Südafrika als Sieger hervor. Die schwarze Bevölkerungsmehrheit war von der Wahl ausgeschlossen.

 Politik

Bundesaußenminister Walter Scheel (FDP) trifft in Madrid mit Staatschef Francisco Franco zusammen. Im Mittelpunkt der Gespräche stehen die bilateralen Beziehungen.

 Wetter

Nur 86 Stunden Sonnenschein registrieren die Meteorologen im April 1970 (langjähriger Mittelwert 193 Stunden).

Donnerstag **22.** *April*

Gesellschaft

Der neue Staatschef von Haiti, Jean-Claude Duvalier, kündigt an, das Werk seines Vaters mit »der gleichen unerschöpflichen Energie und der gleichen Unbeugsamkeit« fortsetzen zu wollen. François Duvalier, der am Vortag gestorben war, war 1957 mit Unterstützung der USA an die Macht gelangt und hatte eine blutige Diktatur errichtet. Sein 19jähriger Sohn Jean-Claude ist zum Präsident auf Lebenszeit berufen worden.

Politik

Das Kommissariat der Katholischen Kirche wendet sich gegen einen Gesetzentwurf der Bonner SPD/FDP-Regierungskoalition, nach dem Herstellung und Verbreitung von Pornographie straffrei bleiben soll. Die Pornographie verstoße grundsätzlich gegen die Menschenwürde und bedrohe Ehe und Familie.

**Preise in den
70er Jahren**

1 kg Butter	8,36
1 kg Mehl	1,16
1 kg Fleisch	10,15
1 l Vollmilch	1,06
1 Ei	0,22
10 kg Kartoffeln	6,44
1 kg Zucker	1,65
Stundenlohn	10,40
in DM, Stand 1975	

Wetter

Ein typischer April: Mit 8,5°C mittlerer Temperatur bei 168 Stunden Sonenschein entspricht der April 1971 weitgehend dem langjährigen Mittel.

Samstag **22.** *April*

 Politik

Nach einem dreitägigen Staatsbesuch Großbritanniens kehrt Bundeskanzler Willy Brandt (SPD) nach Bonn zurück. Im Mittelpunkte der Gespräche mit dem britischen Regierungschef Edward Heath stand die Mitgliedschaft in der Europäischen Gemeinschaft. Großbritannien sowie Irland, Dänemark und Norwegen hatten im Januar ihren Beitritt zur EG erklärt. Die letztgenannten drei Länder machen ihre Entscheidung allerdings noch von Volksabstimmungen abhängig. Dabei spricht sich die norwegische Bevölkerung gegen die Mitgliedschaft in der Europäischen Gemeinschaft aus.

 Kultur

Der langjährige Generalintendant der Metropolitan Opera New York, Rudolf Bing, wird mit einem Galakonzert verabschiedet. Unter der Leitung des gebürtigen Österreichers war die »Met« zu einem der bedeutensten Opernhäusern der Welt aufgestiegen.

 Wetter

Die mittlere Temperatur von 8,3 °C entspricht exakt dem langjährigen Durchschnitt. Die Sonne allerlings läßt sich im April 1972 nur selten blicken (116 Stunden; Mittelwert 193 Stunden).

Sonntag **22.** *April*

Politik 🌐

Truppen der kommunistischen Roten Khmer setzen ihren Vormarsch auf die kambodschanische Haupstadt Phnom Penh fort. Die USA, die das Regime von Präsident Lon Nol unterstützen, errichten eine Luftbrücke. Seit dem Sturz von Prinz Norodom Sihanuk 1970 tobt in Kambodscha ein Bürgerkrieg, den 1975 die Roten Khmer für sich entscheiden können. Sie errichten eine Terrorherrschaft, der nach Schätzungen mehr als eine Million Menschen zum Opfer fallen. 1979 besetzen vietnamesische Truppen das Land.

Kultur 🎭

Das Ballett »Die Launen Cupidos und der Ballettmeister« von Vincenzo Geleotti hat in Amsterdam Premiere. Die älteste erhaltene Choreographie der Ballettgeschichte wurde vom niederländischen Nationalballett unter der Leitung von Hans Breena neu einstudiert.

Wetter ⛅

Für die Jahreszeit zu kühl und zu feucht, so lautet die Bilanz für den April 1973. 6,3 °C mittlere Temperatur und 119 mm Niederschlag weichen deutlich von den langjährigen Durchschnittswerten (8,3 °C bzw. 41 mm) ab.

Montag 22. *April*

 Politik

Im indischen Protektorat Sikkim finden erstmals Parlamentswahlen statt. Sieger ist die gegen König Palden Thondup arbeitende Kongreßpartei. Sikkim wird im September 1974 zum indischen Bundesstaat erklärt.

 Gesellschaft

Rund 250 000 Christen demonstrieren in der äthiopischen Hauptstadt Addis Abeba gegen eine Trennung von Kirche und Staat. Auslöser war eine von Mohammedanern organisierte Kundgebung, auf der eine rechtliche Gleichstellung des Islam mit der christlichen Staatskirche gefordert wurde.

 Gesellschaft

Einen freilebenden Wolf versehen Wissenschaftler in den italienischen Abruzzen mit einem Sendegerät. Mit dem in Europa bislang einzigartigen Experiment sollen die Lebensgewohnheiten der Wölfe erforscht werden.

 Wetter

Der April 1974 zeigt ein typisches Gesicht. Temperaturen und Niederschläge entsprechen dem langjährigem Mittel.

1975

Dienstag 22. April

Kultur

Die Truppen des kommunistischen Nordvietnam setzen ihren Vormarsch auf die südvietnamesische Haupstadt Saigon fort. Die Lage der Verteidiger wird immer aussichtsloser. Am 30. April 1975 kapituliert die Führung in Saigon vor den herannahenden Truppen des Vietcong. Damit endet der Vietnamkrieg, der mindestens 1,5 Mio Todesopfer forderte.

Stars der 70er Jahre

Robert de Niro
Filmschauspieler
Jane Fonda
Filmschauspielerin
Woody Allen
Filmregisseur
Steven Spielberg
Filmregisseur
Muhammad Ali
Boxer

Politik

Nach einem Militärputsch wird in Honduras Oberst Juan Alberto Melgar Castro, Oberbefehlshaber der Streitkräfte, zum Präsidenten ernannt.

Gesellschaft

Ein Gesetz zur Wiedereinführung der Todesstrafe unterzeichnet der Gouverneur von Maryland in Annapolis. Zur Zeit gilt in 32 US-amerikanischen Bundesstaaten die Todesstrafe.

Wetter

Mit einer mittleren Temperatur von 7,6 °C ist der April 1975 relativ kühl.

Donnerstag **22.** *April*

 Politik

Die erste gemeinsame Außenministerkonferenz der Organisation für Afrikanische Einheit (OAU) und der Arabischen Liga endet in Dakar (Senegal). Die Deligierten aus 68 Staaten vereinbarten eine engere politische und wirtschaftliche Zusammenarbeit zwischen Schwarzafrika und Arabien.

 Gesellschaft

Nach Streit mit der Steuerbehörde seines Landes verläßt der schwedische Regisseur Ingmar Bergman seine Heimat. Bergmann nimmt ein Engagement am Münchner Residenztheater an.

 Kultur

Als erste Frau wird in den USA die Fernsehjournalistin Barbara Walters zur Leiterin einer Nachrichtenredaktion berufen. Der Fernsehsender ABC zahlt ihr ein Jahresgehalt in Höhe von 1 Mio. US-Dollar (2,6 Mio. DM).

 Wetter

Besonderes Kennzeichen des Aprils 1976 ist eine extreme Trockenheit. In Berlin werden nur 7 mm Niederschlag gemessen (langjähriger Durchschnittswert 41 mm).

1977

Freitag 22. April

Politik

Der bisherige israelische Verteidigungsminister Shimon Peres (Arbeiter-Partei) tritt in Tel Aviv die Nachfolge seines Parteifreundes Yitzhak Rabin als Ministerpräsident an. Nach einer Affäre um illegale Devisengeschäfte seiner Frau hatte Rabin seinen Rücktritt erklärt.

> ### Rekorde in den 70er Jahren
>
> **100 m:** Marlies Göhr (GDR) – 10,88 sec (1977)
> **Hochsprung:** Rosemarie Ackermann (GDR) – 2,00 m (1977)
> **Weitsprung:** Vilma Bardauskiene (URS) – 7,09 m (1978)
> **800 m:** S. Coe (GBR) – 1:42,4 min (1979)

Politik

Die internationale Konferenz über Kriegsvölkerrecht ruft im schweizerischen Genf die Staatengemeinschaft dazu auf, gefangengenommene Guerillakämpfer wie reguläre Kriegsgefangene zu behandeln.

Sport

Die Handballmannschaft von Steaua Bukarest gewinnt in Sindelfingen durch einen 21:20-Sieg über ZSKA Moskau das Endspiel um den Europapokal der Landesmeister.

Wetter

6,4°C mittlere Lufttemperatur – der April 1977 ist außergewöhnlich kühl.

Samstag 22. April

Politik

Generalsekretär Santiago Carrillo Solares wird auf dem Parteitag der Kommunistischen Partei Spaniens in Madrid in seinem Amt bestätigt. Carillo ist Verfechter eines demokratischen, nicht an Moskau gebundenen »Eurokommunismus«.

Gesellschaft

Gegen neonazistische Organisationen demonstrieren mehr als 15 000 Menschen in Köln. Sie protestieren gegen ein wenige Tage zuvor ergangenes Urteil des baden-württembergischen Verwaltungsgerichtshofes, nach dem die Verfassungsfeindlichkeit der rechtsgerichteten Nationaldemokratischen Partei Deutschlands (NPD) nicht erwiesen sei.

Ausgestellte Hosen und viel Schmuck trägt die moderne Frau in den 70er Jahren

Wetter

Während Temperatur und Sonnenscheindauer im April 1978 dem langjährigen Durchschnitt (8,3 °C bzw. 193 Sonnenstunden) entsprechen, ist die Niederschlagsmenge von 62 mm gegenüber anderen Jahren relativ groß (Mittelwert 41 mm).

Sonntag **22.** *April*

Politik

Der deutsche Bundeskanzler Helmut Schmidt (SPD) erklärt nach einer Unterredung mit dem österreichischen Regierungschef Bruno Kreisky (SPÖ) in Zell am See, die internationale Staatengemeinschaft könne zur Zeit auf die Nutzung der Kernenergie nicht verzichten. Schwerpunkt der bundesdeutschen Energiepolitik bleibe jedoch die heimische Steinkohle.

Gesellschaft

Der britische Rockmusiker Keith Richard, Mitglied der »Rolling Stones«, gibt in Ottawa (Kanada) ein Konzert zugunsten des Nationalen Blindeninstituts. Zu dem Wohltätigkeitskonzert war Richards 1977 von einem kanadischen Gericht wegen unerlaubten Drogenbesitzes verurteilt worden.

Voll im Zeitgeschmack: Der Midimantel mit aufgesetzten Taschen für kalte Winter

Wetter

Der April 1979 gibt sich wenig frühlingshaft. Es ist überwiegend kühl und trüb; Temperaturen und Sonnenscheindauer bleiben unter dem langjährigen Mittel. Es fallen 27 mm Niederschlag (langjähriges Mittel: 41 mm).

1980–1989

Highlights des Jahrzehnts

1980

- Golfkrieg zwischen Iran und Irak
- Gründung einer neuen Bundespartei: »Die Grünen«
- Bildung der polnischen Gewerkschaft »Solidarność«

1981

- Attentate auf US-Präsident Ronald Reagan, den Papst und Ägyptens Staatschef Anwar As Sadat
- Erster Start der wiederverwendbaren Raumfähre »Columbia«
- In den USA werden die ersten Fälle von AIDS bekannt
- Hochzeit des Jahres: Der britische Thronfolger Charles, Prince of Wales, heiratet Lady Diana

1982

- Krieg um die Falkland-Inseln
- Sozialliberale Koalition bricht auseinander; Helmut Kohl wird neuer Bundeskanzler
- Selbstjustiz vor Gericht: der »Fall Bachmeier«
- »E. T. – der Außerirdische« wird zum Kinohit

1983

- US-Invasion auf Grenada
- Skandal um gefälschte Hitler-Tagebücher
- Aerobic wird in der Bundesrepublik populär

1984

- Richard von Weizsäcker wird Bundespräsident
- Ermordung von Indiens Ministerpräsidentin Indira Gandhi, Nachfolger wird ihr Sohn Rajiv Gandhi

1985

- Michail Gorbatschow wird neuer Kremlchef
- Sensation: Boris Becker siegt als erster Deutscher in Wimbledon
- »Live-Aid-Concert« für Afrika

1986

- Attentat auf Schwedens Ministerpräsident Olof Palme
- Katastrophe im Kernkraftwerk Tschernobyl
- Explosion der US-Raumfähre »Challenger«
- Premiere des Musicals »Cats« in Hamburg

1987

- Widerstand gegen Volkszählung
- Barschel-Affäre in Kiel
- Matthias Rust landet mit einem Sportflugzeug auf dem Roten Platz in Moskau

1988

- Atommüllskandal in Hessen
- Ende des Golfkriegs
- Geiseldrama von Gladbeck als Medienspektakel
- Dopingskandal überschattet Olympische Spiele in Seoul
- Reagan und Gorbatschow vereinbaren Verschrottung atomarer Mittelstreckenraketen

1989

- Die DDR öffnet ihre Grenzen
- Blutbad auf dem Platz des Himmlischen Friedens in Peking
- Demokratisierungskurs im gesamten Ostblock
- »Exxon Valdez«: Ölpest vor Alaska

◀ **Der »Thriller« der 80er: Michael Jackson ist der Megastar der Rockmusik**

1980

Dienstag **22.** *April*

Gesellschaft

Der Tag der Umwelt wird in den USA zum zehnten Mal begangen. In allen Teilen des Landes finden Demonstrationen und Kundgebungen statt, auf denen eine Ende der rücksichtslosen Ausbeutung der Natur gefordert wird. Aus Protest gegen die hohe Abgasbelastung blockieren in New York mehr als 250 000 Menschen den Autoverkehr. In Washington soll eine Fahrradsternfahrt zum Weißen Haus ein Umdenken der Politiker bewirken.

Gesellschaft

Die US-amerikanische Automobilindustrie steckt in der Krise. Sowohl der Hersteller Ford, als auch der Chrysler-Konzern planen Massenentlassungen. Bis zu 20% der Arbeiter und Angestellten sollen die Kündigung erhalten. Nach Ansicht von Beobachtern ist eine verfehlte Modellpolitik für die sinkenden Absätze verantwortlich. Detroit habe den Trend zu kompakten und sparsamen Wagen verschlafen und bekomme vor allem die Konkurrenz japanischer Autos stark zu spüren.

Wetter

Die Witterung ist im April 1980 naßkalt. Mit 91 mm Niederschlag fällt gegenüber einem durchschnittlichen April fast die doppelt Menge Regen.

Mittwoch **22.** *April*

Politik 🌐

Der spanische Ministerpräsident Leopoldo Calvo Sotelo trifft in Bonn zu einem offiziellen Besuch der Bundesrepublik ein. Es ist die erste Auslandsreise des konservativen Ministerpräsidenten, der im Februar die Nachfolge des nach Querelen innerhalb der Regierungspartei UCD zurückgetretenen Adolfo Suárez González angetreten hatte.

Kultur 🎭

Dem aus Uruguay stammenden Schriftsteller Juan Carlos Onetti wird in Spanien der mit 250 000 DM dotierte Cervantes-Literatur-Preis zugesprochen.

Sport

Erstmals seit drei Jahren kann sich keine bundesdeutsche Fußballmannschaft für ein Endspiel der europäischen Pokalwettbewerbe qualifizieren. Der FC Bayern scheitert bei den Landesmeistern im Halbfinale an dem britischen Klub FC Liverpool.

Wetter ⛅

Insgesamt gibt sich der April 1981 recht freundlich. Bei einer Sonnenscheindauer von 201 Stunden ist es über lange Perioden heiter.

1982

Donnerstag **22.** *April*

Stars der 80er Jahre

Richard Gere
Filmschauspieler
Madonna
Sängerin
Harrison Ford
Filmschauspieler
Jodie Foster
Filmschauspielerin
Michael Jackson
Sänger

 Politik

Die Ausweisung von zwei syrischen Diplomaten verfügt die französische Regierung. Der Geheimdienst des nordafrikanischen Landes soll Drahtzieher des Bombenanschlags auf die Redaktion einer arabischen Zeitung in Paris sein, bei dem eine Passantin getötet und 64 Personen verletzt wurden. Auch der Mord an dem französischen Botschafter im Libanon im September 1981 gehe auf das Konto des syrischen Geheimdienstes.

 Gesellschaft

Der Zentralbankrat der Deutschen Bundesbank veröffentlicht in Frankfurt am Main seinen Jahresabschluß für 1981. Danach erzielte das Institut einen Überschuß von 10,5 Mrd. DM. Er wird an den Bund abgeführt und zur Finanzierung des Haushaltes genutzt.

 Wetter

Der April 1982 ist in der Tendenz zu kühl und zu trocken. Die Sonnenscheindauer entspricht mit 199 Stunden weitgehend dem langjährigen Mittel.

Freitag **22.** *April*

Kultur

Schriftsteller aus der DDR und der Bundesrepublik treffen im Rahmen der »2. Berliner Begegnung« in Ost-Berlin zusammen. Thema der Podiumsdiskussion ist Frieden und Abrüstung.

Gesellschaft

Die 1972 gestartete US-amerikanische Raumsonde »Pioneer 10« passiert die Umlaufbahn des Pluto und wird in den kommenden Tagen das Sonnensystem verlassen. »Pioneer 10« hatte in den letzten Jahren eine Vielzahl wissenschaftlicher Daten zur Erde übermittelt.

Gesellschaft

Zum ersten Mal öffnet in Stuttgart der Autosalon seine Pforten. Die Veranstaltung, auf der Hersteller aus dem In- und Ausland ihre Fahrzeuge vorstellen, soll jährlich stattfinden. Damit ist Stuttgart nach Frankfurt am Main und Berlin die dritte deutsche Stadt mit einer regelmäßigen Automobil-Ausstellung.

Wetter

Milde Temperaturen (Mittelwert 9,3°C) geben dem April 1983 einen frühlingshaften Charakter.

Sonntag 22. *April*

Gesellschaft

An den traditionellen Ostermärschen für Frieden und Abrüstung beteiligen sich rund 600 000 Menschen. Auf zentralen Kundgebungen, die in neun bundesdeutschen Städten stattfinden, wird das Ende des Wettrüstens gefordert.

Gesellschaft

Auf dem Petersplatz in Rom erteilt Papst Johannes Paul II. nach der Ostermesse der Stadt Rom und dem Erdkreis (Urbi et orbi) den Segen. Gleichzeitig geht das »Heilige Jahr der Erlösung 1983/84« zu Ende; in einer kurzen Zeremonie schließt Papst Johannes Paul II. die bronzene Tür der Heiligen Pforte in der Peters-Basilika.

Gesellschaft

Die Stahlarbeiter in Lothringen setzen ihren vor neun Tagen begonnen Streik fort. Vor dem Hintergrund der Stahlkrise fordern sie auf einer Kundgebung höhere Subventionen.

Wetter

Der April 1984 bietet wegen der wechselhaften Witterung wenig Anlaß zur Freude, ist aber mit einer mittleren Temperatur von 8,6 °C recht mild.

1985

Montag 22. April

Politik

Der in Haiti mit diktatorischer Gewalt herrschende Präsident Jean-Claude Duvalier kündigt die Wiederzulassung einiger der seit 1957 verbotenen Oppositionsparteien an. Zu einer Preisgabe der Macht ist Duvalier jedoch nicht bereit: In einem offensichtlich manipulierten Referendum läßt er sich das Recht zusichern, einen eventuellen Nachfolger selbst zu bestimmen.

Gesellschaft

In der westindischen Stadt Ahmedabad treffen Bundestruppen zur Unterstützung der örtlichen Polizei ein. In den vergangenen Tagen hatte es Auseinandersetzungen zwischen Angehörigen verschiedener Kasten gegeben, bei denen 59 Menschen ums Leben kamen.

> ### Rekorde in den 80er Jahren
>
> **1500 m:** S. Aouita (MAR) – 3:29,46 min (1985)
> **Stabhochsprung:** Sergej Bubka (URS) – 6,00 m (1985)
> **100 m:** Florence Griffith (USA) – 10,49 sec (1988)
> **Hochsprung:** Javier Sotomayor (CUB) – 2,44 m (1989)

Wetter

Die Hoffnungen der Bundesbürger auf einen sonnigen und trockenen April werden 1985 enttäuscht. Immerhin ist es verhältnismäßig warm. Es fallen jedoch 62 mm Niederschlag (langjähriger Durchschnitt: 41 mm).

Dienstag 22. April

 Politik

Die Verhinderung eines illegalen Waffengeschäfts mit dem Iran geben US-Behörden in Washington bekannt. Geplant war die illegale Ausfuhr hochmoderner Waffen in den Iran im Wert von umgerechnet mehr als 470 Mrd. DM. Wegen ihrer Beteiligung an dem Schmuggelgeschäft sind 17 Personen verhaftet worden.

 Politik

Der italienische Staatspräsident Francesco Cossiga trifft im Rahmen seines Deutschland-Besuches mit Vertretern der Bundesregierung zusammen. Im Mittelpunkt der Gespräche steht die Bekämpfung des internationalen Terrorismus.

Auffällig unauffällig: So stellt sich die lässige Frau der 80er ihre Mode zusammen

 Politik

König Juan Carlos I. trifft als erstes spanisches Staatsoberhaupt seit 81 Jahren zu einem Staatsbesuch in Großbritannien ein.

Wetter

Der April 1986 bietet nur 91 Sonnenstunden.

Mittwoch **22.** *April*

Politik

Als erster offizieller Vertreter des bundesdeutschen Gewerkschaftsbundes hält der stellvertretende DGB-Vorsitzende Gustav Fehrenbach eine Rede auf dem in Ost-Berlin stattfindenden FDGB-Kongreß.

Politik

Leger und bequem: Herrenmode im Oversize-Stil mit Jackenmantel

In Moskau unterzeichnet Bundesforschungsminister Heinz Riesenhuber (CDU) ein Abkommen über deutsch-sowjetische Zusammenarbeit bei der friedlichen Nutzung der Kernenergie.

Gesellschaft

Die staatliche Transportbehörde Südafrikas kündigt 17 500 schwarzen Arbeitern, die sich seit sechs Wochen wegen niedriger Löhne und schlechten Arbeitsbedingungen im Streik befinden. Nach der Massenentlassung kommt es landesweit zu schweren Unruhen.

Wetter

Trotz milder Temperaturen (Mittelwert 9,7°C) ist der April 1987 eher trübe.

1988

Freitag 22. April

 Politik

Vor dem südafrikanische Parlament in Pretoria erklärt Staatspräsident Pieter Willem Botha, er halte die Beteiligung von Schwarzen an der Regierung in näherer Zukunft für möglich. Diese auf eine mögliche Abkehr von der Apartheid deutende Äußerung wird vom linken Flügel der regierenden Nationalpartei positiv aufgenommen. Bis zur Abschaffung der Apartheid ist es noch ein weiter Weg. 1994 wird Nelson Mandela als erster Schwarzer zum Präsidenten gewählt.

 Sport

Der bevorstehende Wechsel des deutschen Fußballnationalspielers Lothar Matthäus vom FC Bayern München zum italienischen Verein Inter Mailand sorgt für Schlagzeilen. Die Ablösesumme für ihn soll 7 Mio. DM betragen, das ist der höchste Betrag, der bislang für einen deutschen Spieler geboten wurde. Einige Kommentatoren fürchten bereits einen Ausverkauf des bundesdeutschen Fußballs, da die finanzkräftigen italienischen Vereine zunehmend ausländische Spitzenspieler anwerben.

 Wetter

Die Meteorologen registrieren im April 1988 nur 1 mm Niederschlag (langjähriger Mittelwert 41 mm).

1989

Samstag **22.** *April*

Die EG-Landwirtschaftsminister setzen in Brüssel die Agrarpreise für 1989/90 fest. Die den Bauern garantierten Preise bleiben für die meisten Produkte auf dem Stand des Vorjahres. Für einige Erzeugnisse, etwa Zucker, Butter oder Hartweizen, wird zum Ärger der Landwirte künftig weniger gezahlt.

Gesellschaft

Mehr als 6000 schweizerische Atomkraftgegner fordern auf einer Demonstration in der Hauptstadt Bern den Ausstieg aus der Kernenergie und die Förderung alternativer Energien. In der Schweiz werden insgesamt fünf Atomkraftwerke betrieben. Sie liefern 41 % des im Land produzierten Stroms. Vertreter der Regierung verweisen darauf, daß die Atomenergie für die rohstoffarme Schweiz aus wirtschaftlichen Gründen unverzichtbar sei.

Preise in den 80er Jahren	
1 kg Butter	9,44
1 kg Mehl	1,36
1 kg Fleisch	11,83
1 l Vollmilch	1,22
1 Ei	0,26
10 kg Kartoffeln	8,84
1 kg Zucker	1,94
Stundenlohn	17,23
in DM, Stand 1985	

Wetter

»Der April macht, was er will«: Im April 1989 gibt es nur 127 Sonnenstunden.

Highlights des Jahrzehnts

1990

- Wiedervereinigung Deutschlands
- Südafrika: Nelson Mandela nach 27jähriger Haft freigelassen
- Irakische Truppen überfallen das Emirat Kuwait
- Gewerkschaftsführer Lech Walesa neuer polnischer Präsident
- Litauen erklärt Unabhängigkeit
- Deutsche Fußballnationalelf zum dritten Mal Weltmeister
- Star-Tenöre Carreras, Domingo und Pavarotti treten gemeinsam auf

1991

- Alliierte befreien Kuwait und beenden Golfkrieg
- Auflösung des Warschauer Pakts
- Bürgerkrieg in Jugoslawien
- Auflösung der Sowjetunion – Gründung der GUS
- Sensationeller archäologischer Fund: »Ötzi«
- Vertrag von Maastricht
- Sieben Oscars für Kevin Costners »Der mit dem Wolf tanzt«
- Bürgerkrieg in Somalia
- Frieden im Libanon

1992

- Abschaffung der Apartheid-Politik in Südafrika
- Entsendung von UNO-Blauhelmsoldaten nach Jugoslawien
- Tod des ehemaligen Bundeskanzlers Willy Brandt
- Bill Clinton zum 42. US-Präsidenten gewählt
- In Hamburg wird mit Maria Jepsen zum ersten Mal eine Frau Bischöfin
- Fertigstellung des Rhein-Main-Donau-Kanals

1993

- Teilung der ČSFR in die Tschechische und die Slowakische Republik
- Rechtsradikale Gewalttakte gegen Ausländer
- Gaza-Jericho-Abkommen zwischen Israel und der PLO
- Skandal um HIV-Blutplasma
- Einführung von fünfstelligen Postleitzahlen im Bundesgebiet
- Sexskandal um Pop-Star Michael Jackson

1994

- Nelson Mandela erster schwarzer Präsident Südafrikas
- Fertigstellung des Eurotunnels unter dem Ärmelkanal
- Über 900 Todesopfer beim Untergang der Fähre »Estonia«
- Abzug der letzten russischen Truppen aus Berlin
- Michael Schumacher erster deutscher Formel-1-Weltmeister

1995

- Weltweite Proteste gegen französische Atomversuche im Pazifik
- Giftgasanschlag in Tokio
- Einführung von Pflegeversicherung und Solidaritätszuschlag
- Verpackungskünstler Christo verhüllt den Berliner Reichstag
- Ermordung des israelischen Regierungschefs Yitzhak Rabin
- Friedensvertrag für Bosnien

1996

- Arafat gewinnt Wahlen in Palästina
- IRA kündigt Waffenstillstand auf
- 100 Jahre Olympia: Jubiläumsspiele der Superlative in Atlanta

◀ Ein Platz für Tiere: Steven Spielbergs Kassenschlager »Jurassic Park« 1993

Sonntag 22. April

 Politik

Der Pfarrer und Abrüstungsminister der DDR, Rainer Eppelmann, wird zum Vorsitzenden der Partei Demokratischer Aufbruch gewählt. Eppelmann tritt die Nachfolge des wegen seiner Kontakte zum Staatssicherheitsdienst zurückgetretenen Wolfgang Schnur an. Rainer Eppelmann zählte jahrelang zu den führenden Vertretern der Bürgerrechtsbewegung in der DDR und trug zum Sturz des SED-Regimes bei.

 Politik

Stars der 90er Jahre

Kevin Costner
Filmschauspieler
Julia Roberts
Filmschauspielerin
Whitney Houston
Sängerin
Michael Schumacher
Rennfahrer
Luciano Pavarotti
Sänger

Nach rund dreijähriger Geiselhaft läßt die Organisation »Islamischer Heiliger Krieg« im Libanon den US-Amerikaner Robert Polhill frei. Am 30. April kommt auch sein Landmann Frank Reed frei, der 1986 von der »Organisation der islamischen Morgenröte« entführt worden war. Die Freilassung der Geiseln erfolgte auf Vermittlung Syriens und des Iran.

 Wetter

Mit 216 Sonnenstunden ist der April 1990 sehr sonnig. Der langjährige Durchschnitt beträgt 193 Sonnenstunden.

Montag **22.** *April*

Politik

Ein Programm zur Überwindung der Wirtschaftskrise verabschiedet die sowjetische Regierung in Moskau. Darin sind auch Zwangsmaßnahmen gegen Streiks vorgesehen. In den letzten Monaten ist die Produktivität der sowjetischen Wirtschaft besorgniserregend gesunken. Ein Grund hierfür ist nach Ansicht der Staatsführung um Präsident Michail Gorbatschow die hohe Zahl von Arbeitsniederlegungen. Zur Zeit streiken die Bergarbeiter für höhere Löhne.

Politik

Der Einführung eines Mehrparteiensystems stimmt das äthiopische Parlament in Addis Abeba zu. Hintergrund ist die sich abzeichnende Niederlage der Truppen des kommunistischen Staatschef Mengistu Haile Mariam. Im Mai bricht dessen Regime zusammen, die Macht übernimmt nun der Rebellenführer Meles Zenawi, der demokratische und marktwirtschaftliche Reformen ankündigt.

Wetter

Die Wetter-Bilanz für den April 1991 bietet keine Überraschungen. Temperatur, Niederschlag und Sonnenscheindauer entsprechen den langjährigen Durchschnittswerten.

Politik

Nach dem Rücktritt des kommunistischen Staatschefs Mohammad Nadschibullah Mitte April brechen in der afghanischen Haupstadt Kabul Kämpfe zwischen den rivalisierenden Rebellengruppen aus. Dabei stehen sich vor allem die Anhänger des Fundamentalisten Gulbuddin Hekmatyar und des als gemäßigt geltenden Ahmad Shah Massud gegenüber.

Krawatte ist kein Muß mehr: Anzug mit zweireihigem Sakko

Gesellschaft

In der Kanalisation der mexikanischen Stadt Guadalajara kommt es zu einer Serie von Explosionen. Das Unglück fordert 230 Tote und zahlreiche Verletzte. Mehrere Gebäude stürzen ein. Unglücksursache sind größere Mengen von Benzin, die aus einer Anlage der staatlichen Ölgesellschaft in das Abwassersystem geraten waren.

Wetter

Mild und überwiegend trocken präsentiert sich der April 1992 (mittlere Temperatur 9,3°C, Niederschlag 31 mm). Die Sonne läßt sich jedoch selten blicken (153 Stunden).

1993

Donnerstag 22. April

Politik

Für Luftangriffe auf serbische Stellungen spricht sich NATO-Generalsekretär Manfred Wörner bei einem Treffen mit UN-Generalsekretär Butros Bustros-Ghali in New York aus. Der seit 1991 andauernde Bürgerkrieg im ehemaligen Jugoslawien hat sich in den letzten Wochen weiter verschärft. Vermittlungsbemühungen der EG und der UNO (Vance-Owen-Plan, Owen-Stoltenberg-Plan) werden insbesondere von den bosnischen Serben, die große Geländegewinne erzielten, blockiert.

Politik

Die Staats- und Regierungschefs von El Salvador, Guatemala, Honduras und Nicaragua gründen in Managua die Gemeinschaft »Centroamerica 4«. Die beteiligten Länder wollen ihre politische und wirtschaftliche Zusammenarbeit intensivieren.

Für die heißen Sommer der 90er Jahre: Kleid mit Bustieroberteil

Wetter

Bei einer mittleren Temperatur von 11,6 °C (langjähriges Mittel 8,5 °C) und 232 Stunden Sonnenschein (170 Stunden) herrscht in Deutschland im April 1993 herrliches Frühlingswetter.

123

Freitag **22.** *April*

Gesellschaft

Der Kaufhaus-Erpresser »Dagobert« wird in Berlin festgenommen. »Dagobert« hatte seit 1992 fünf Bombenanschläge auf Kaufhäuser des Karstadt-Konzerns verübt. Geldübergaben waren immer wieder gescheitert, da der Erpresser extrem vorsichtig agierte. Gewisse Sympathien in der Bevölkerung erwarb sich »Dagobert« durch seine raffinierte Vorgehensweise. So setzte er bei den Geldübergaben selbstgebastelte elektronische Geräte ein.

Gesellschaft

Preise in den 90er Jahren

1 kg Butter	8,20
1 kg Mehl	1,21
1 kg Fleisch	12,85
1 l Vollmilch	1,33
1 Ei	0,27
10 kg Kartoffeln	10,30
1 kg Zucker	1,92
Stundenlohn	24,91

in DM, Stand 1993

Für Schlagzeilen sorgt in den deutschen Zeitungen das Verschwinden des Immobilienunternehmers Jürgen Schneider. Das Amtsgericht in Königstein hatte am 15. April das Konkursverfahren gegen das Unternehmen des Baulöwen eröffnet. Das Firmenimperium soll bei rund 50 Banken mit insgesamt 5 Mrd. DM in der Kreide stehen.

Wetter

Mild, aber etwas zu viel Regen lautet die Bilanz im April 1994. Die Sonne scheint 189 Stunden, das entspricht dem langjährigen Mittel.

Samstag **22.** *April*

Politik

Soldaten der ruandischen Armee richten in einem Flüchtlingslager im Südwesten des Landes ein Massaker an, bei dem rund 2000 Angehörige der Bevölkerungsgruppe der Hutu ums Leben kommen. In Ruanda herrschte 1994 Bürgerkrieg zwischen den Hutu und den Tutsi.

Sport

George Foreman, Weltmeister im Schwergewichtsboxen (IBF-Version), verteidigt in Las Vegas seinen Titel gegen den deutschen Herausforderer Axel Schulz. Der Punktsieg ist stark umstritten; nach Ansicht von Beobachtern war der 26jährige Schulz dem »Box-Methusalem« Foreman – er ist 46 Jahre alt – überlegen. Foreman legt seinen Titel Ende Juni nieder. Im daraufhin ausgetragenen WM-Kampf unterliegt Schulz dem Südafrikaner François Botha.

Rekorde in den 90er Jahren

Weitsprung: Mike Powell (USA) – 8,95 m (1991)
110 m Hürden: Colin Jackson (USA) – 12,91 sec (1993)
Skifliegen: E. Bredesen (NOR) – 209 m (1994)
Dreisprung: J. Edwards (GBR) – 18,29 m (1995)

Wetter

Temperatur und Niederschlag entsprechen im April 1995 in etwa dem langjährigen Mittel.

Montag 22. April

Dienstag **22.** *April*

Freitag 22. April

J. Robert Oppenheimer
*22.4.1904, New York

Der Physiker Robert Oppenheimer leitete ab 1943 im Rahmen des »Manhattan Project« in Los Alamos die Arbeiten an der US-amerikanischen Atombombe. Als er nach dem Zweiten Weltkrieg die Federführung beim Bau der Wasserstoffbombe übernehmen sollte, lehnte Oppenheimer vor allem aus moralischen Gründen ab. 1953/54 mußte er sich wegen angeblicher kommunistischer Gesinnung einem Untersuchungsverfahren stellen. Oppenheimer verlor seine Ämter, wurde jedoch 1963 von US-Präsident John F. Kennedy rehabilitiert.

Samstag 22. April

Yehudi Menuhin

*22.4.1916, New York

Der Geigenvirtuose Yehudi Menuhin war ein Wunderkind. Seinen Durchbruch erlebte er bereits als Elfjähriger mit einer Aufführung von Beethovens Violinkonzert in der New Yorker Carnegie Hall. Es gelang Menuhin, die Perfektion seines ausdrucksvollen Spiels bis ins Alter zu bewahren. Nach dem Zweiten Weltkrieg betätigte er sich auch als Pädagoge. So rief er 1959 in Gstaad (Schweiz) ein Musikfestival für den Nachwuchs ins Leben. Darüber hinaus widmet sich der hoch geachtete Musiker karitativen Aufgaben.

James Stirling

*22.4.1926, Glasgow

Der Brite zählt zu den bedeutensten Architekten der Gegenwart. Verpflichtet dem sog. International Style, schuf Stirling in den 50er und 60er Jahren eine Reihe herausragender Bauten (u.a. Engineering Department der Universität Leicester; 1959–63). In den 70er Jahren wurde Stirling zu einem führenden Vertreter der Postmoderne. Zu seinen bekanntesten Bauten gehören die Neue Staatsgalerie in Stuttgart (1977–84), der Erweiterungsbau der Londoner Tate Gallery (1980–85) und das Wissenschaftszentrum in Berlin (1980–88).

Donnerstag **22.** *April*

Jack Nicholson
*22.4.1937, Neptune/New York

Der Schauspieler Jack Nicholson zählt seit den 70er Jahren zu den bekanntesten und bestbezahlten Hollywood-Stars. Nach ersten kleineren Rollen (»Easy Rider«, 1969) gelang ihm 1974 der Durchbruch in dem Roman-Polanki-Film »Chinatown«. Für seine Darstellung des aufsässigen Klinikinsassen McMurphy in »Einer flog über das Kukucksnest« (Regie Milos Forman) erhielt Nicholson 1976 den Oscar. Es folgten Erfolgsstreifen wie »Shining« (1979, Regie Stanley Kubrick) und »Die Ehre der Prizzis« (1985, Regie John Huston).

Theo Waigel

*22.4.1939, Oberrohr/Schwaben

Als Finanzminister ist Theodor »Theo« Waigel einer der meistangegriffenen deutschen Politiker. Seit 1960 Mitglied der CSU, betätigte er sich zunächst in der Kommunalpolitik, später im Justizministerium. 1972 wurde Waigel in den Bundestag gewählt, wo er sich als Wirtschaftsexperte der Union profilierte. 1988 wurde er von seiner Partei als Nachfolger des verstorbenen Franz-Josef Strauß zum Vorsitzenden gewählt. Als Finanzminister der Regierung Kohl verfolgt er seit 1994 zur Konsolidierung des Haushalts einen strikten Sparkurs.

Impressum

© Chronik Verlag
im Bertelsmann Lexikon Verlag GmbH, Gütersloh/München 1996

Autor:	Axel Steinhage, Berlin
Redaktion:	Thomas Flemming, Berlin
Bildredaktion:	Sonja Rudowicz
Umschlaggestaltung und Layout:	Pro Design, München
Satz:	JOSCH Werbeagentur, Essen
Druck:	Brepols, Turnhout

Abbildungsnachweis: Bertelsmann Lexikon Verlag, Gütersloh: 129, 132;
Bettmann/UPI, New York: 128; Cinetext, Frankfurt am Main: 118, 131;
dpa, Frankfurt am Main: 130.
Modefotos 1900–30er Jahre, Damenmode 40er Jahre, Damenmode 50er
Jahre: Bertelsmann Lexikon Verlag, Gütersloh; Modefotos Herrenmode
40er Jahre, Herrenmode 50er Jahre, 60er–90er Jahre: Prof. Dr. Ingrid
Loschek, Boxford.
Alle übrigen Abbildungen: Bettmann Archive/UPI/Reuters/John Springer Coll., New York.

Trotz größter Sorgfalt konnten die Urheber des Bildmaterials nicht in allen Fällen ermittelt werden. Wir bitten gegebenenfalls um Mitteilung.

ISBN 3-577-30422-7

Bücher
aus dem
Chronik Verlag
sind immer
ein persönliches
Geschenk

Chronik
Verlag

Vom 1. Januar bis zum 31. Dezember

Individuelle Bücher – für jeden Tag des Jahres eines. Mit allen wichtigen Ereignissen, die sich genau an diesem besonderen Tag während der Jahre unseres Jahrhunderts zugetragen haben. Doch trotz all der großen Ereignisse des Weltgeschehens – es gibt immer auch persönlich wichtige Daten für jeden einzelnen Menschen, sei es ein Geburtstag, Hochzeitstag, Erinnerungstag oder der Tag, an dem eine entscheidende Prüfung bestanden wurde. So wird aus einem Tag im Spiegel des Jahrhunderts zugleich auch ein »persönlicher« Tag. Und endlich gibt es für all diese Anlässe das richtige Buch, das passende Geschenk!

Persönliches Horoskop

Was sagen die Sterne zu den jeweiligen Tagen? Außerdem erfahren Sie, welche bekannten Menschen unter dem gleichen Sternzeichen geboren wurden.

Ein ganz besonderer Tag

Hier erfahren Sie, was genau diesen Tag zu einem ganz besonderen Tag macht.

Die Ereignisse des Tages im Spiegel des Jahrhunderts

Von 1900 bis zur Gegenwart werden die Fakten des Weltgeschehens berichtet, pro Jahr auf einer Seite! Mit Beginn jedes Jahrzehnts wird die Dekade kurz in der Übersicht dargestellt. Aufgelockert sind die Fakten durch viele Abbildungen und Illustrationen.

Geburtstage berühmter Persönlichkeiten

Berühmte Personen, die an diesem besonderen Tag Geburtstag haben, finden sich mit ihrem Porträt und kurzer Biographie wieder.

Die persönliche Chronik

366 individuelle Bände
je 136 Seiten mit
zahlreichen Abbildungen
Gebunden

In allen Buchhandlungen

| 1900 |
| 1913 |
| 1914 |
| 1915 |
| 1916 |
| 1917 |
| 1918 |
| 1919 |
| 1920 |
| 1921 |
| 1922 |
| 1923 |
| 1924 |
| 1925 |
| 1926 |
| 1927 |
| 1928 |
| 1929 |
| 1930 |
| 1931 |
| 1932 |
| 1933 |
| 1934 |
| 1935 |
| 1936 |
| 1937 |
| 1938 |
| 1941 |
| 1942 |
| 1943 |
| 1944 |
| 1945 |
| 1946 |
| 1947 |
| 1948 |
| 1949 |
| 1950 |
| 1954 |
| 1957 |
| 1958 |
| 1959 |
| 1961 |
| 1939 |

Die »Chronik-Bibliothek« ist die umfassende Dokumentation unseres Jahrhunderts. Für jedes Jahr gibt es einen eigenen, umfangreichen und zahlreich – überwiegend farbig – bebilderten Band. Tag für Tag wird dabei das Weltgeschehen in Wort und Bild nachgezeichnet – jetzt lückenlos bis in die Gegenwart. Sie können das jeweilige Jahr in chronologischer Folge an sich vorüberziehen lassen, aber die »Chronik« auch als Nachschlagewerk oder als Lesebuch benutzen. Ein prachtvolles Geschenk – nicht nur für Jubilare. Und wer die »Chronik-Bibliothek« sammelt, erhält ein Dokumentationssystem, wie es in dieser Dichte und Genauigkeit sonst nicht zu haben ist.

»Chronik-Bibliothek« des 20. Jahrhunderts
Je Band 240 Seiten
600-800 überwiegend farbige Abbildungen
sowie zahlreiche Karten und Grafiken
12 Monatskalendarien mit mehr als
1000 Einträgen, circa 400 Einzelartikel,
20 thematische Übersichtsartikel
Anhang mit Statistiken, Nekrolog und Register
Ganzleinen mit Schutzumschlag

In allen Buchhandlungen

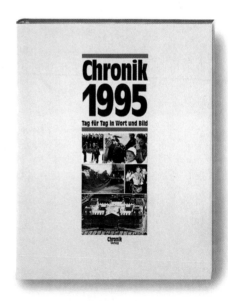